让青少年更好的了解网络安全知识

QINGSHAONIAN WANGLUO ANQUAN YU DAODE JIAOYU

青少年网络安全与道德教育

吴　珂 ◎编著

本书针对青少年孩子的心理特点，编写了如何识别网络安全，防范网络诈骗，认清网络道德标准等内容，帮助青少年孩子正确、高效地使用网络，做一个合格、健康的中学生，快乐地度过青少年时期。

中国社会科学出版社

图书在版编目（CIP）数据

青少年网络安全与道德教育／吴珂编著．—北京：
中国社会科学出版社，2012.3
ISBN 978-7-5161-0629-7

Ⅰ．①青… Ⅱ．①吴… Ⅲ．①计算机网络—关系—青
少年—思想政治教育—研究—中国 Ⅳ．① D432.62

中国版本图书馆 CIP 数据核字（2012）第 048268 号

策划编辑　卢小生（E－mail:georgelu@vip.sina.com）
责任编辑　王　斌
责任校对　李　莉
封面设计　栗兴雨
技术编辑　李　建

出版发行　中国社会科学出版社
社　　址　北京鼓楼西大街甲158号　　邮　编　100720
电　　话　010-84029450（邮购）
网　　址　http://www.csspw.cn
经　　销　新华书店
印刷装订　北京市昌平新兴胶印厂
版　　次　2012年3月第2版　　印　次　2015年4月第4次印刷
开　　本　710×1000　　1/16
印　　张　13.25
字　　数　172千字　　印　数　1—3000册
定　　价　25.00元

前　　言

　　网络的诞生和发展，给青少年娱乐和获取信息带来了极大的方便和自由的空间，那些曾经只能出现在人类想象中的情景，如今在网络上都奇迹般地变为了"现实"。青少年在网上不仅能够享受到聊天交友、听音乐、看电影、玩网络游戏等生活情趣，还能够获得丰富的资源，以充实自己、展示自己……网络几乎创造了一个全新的世界，青少年在网络上的生活变得更加多姿多彩。

　　但是，不可忽视的是，网络在为青少年带来便利和享受的同时，也带来了前所未有的道德困境和安全威胁，一些不道德的行为和现象利用网络的隐蔽性、匿名性等特征愈演愈烈——黑客入侵行为频繁；网络病毒的肆虐；论坛、BBS上进行人身相互谩骂、侮辱的情况屡见不鲜；数不清的转帖、修改、剽窃他人文章；色情、暴力内容泛滥；网络交友骗局、网络诈骗等犯罪现象逐渐增多……所有的这些都会严重危害青少年的身心健康。

　　各级各类学校是对青少年进行思想道德教育的重要阵地。学校应当高度重视对网络安全和网络道德的教育，让学生认识到，互联网需要用相应的道德来调节和规范，个人的网络行为不仅存在"能不能"的技术操作规定，更存在"该不该"的伦理道德要求，只有两者有机结合，才能保证网络安全、有序，保证个体网络行为健康、文明、有益。而家庭是青少年接受思想道德教育的第一课堂，因此，家长也应当了解计算机、网络的一般常识，帮助孩子对网络生活进行合理安排和计划，并和孩子一起感受网络所带来的便利与快捷；要与孩子谈心，了解他们的心情，拉近与孩子的心理距离；还要鼓励他们参与社会、学校以及亲朋好友间的各项健康有益的活动。此外，青少年也要加强自身的道德修养，提高自我保护意识，以避免来自网络的伤害。

　　本书从网络安全和网络道德两个方面阐述了网络给青少年带来的不良影响以及应对措施，希望能够成为青少年读者的网络生活手册，同时也希望能够引起青少年以及学校、家长对网络安全和网络道德教育的重视，加强青少年的自我保护意识和道德意识，促使网络为社会创造更多的精神财富和物质财富。

本书编者

2009 年 6 月

目 录

第一章　网络的概述

　　计算机网络是用通信线路和通信设备将分布在不同地点的多台自治计算机系统互相连接起来，按照共同的网络协议，共享硬件、软件和数据资源的系统。它加强了人与人之间的沟通与联系，即使远隔千里，也能够"近在咫尺"。

　　网络的普及，带来了双重的影响：一方面它大大便利了青少年的生活，有着积极的作用；但同时也存在着诸多的安全隐患，具有一些消极的作用。

第一节　了解计算机网络

　　计算机网络构成了一个虚拟的空间，那么，什么是计算机网络呢？它又是如何发展的呢？我们不妨先来了解一下吧。

一、计算机网络的概念

　　计算机网络，是指将地理位置不同的具有独立功能的多台计算机及其外部设备，通过通信线路连接起来，在网络操作系统、网络管理软件及网络通信协议的管理和协调下，实现资源共享和信息传递的计算机系统。简单来说，就是一些相互连接的、以共享资源为目的的、自治的计算机的集合。

　　最简单的计算机网络就是只有两台计算机和连接它们的一条链路，即两个节点和一条链路。因为没有第三台计算机，所以也就不存在交换的问题。而最庞大的计算机网络就是互联网,它由非常多的计算机网络通过许多路由器互联而成。因此,互联网就有了"网络的网络"之称。

二、计算机网络的发展历程

(一)技术准备阶段

20世纪50年代可以说是计算机网络发展的第一阶段。在这一阶段,人们开始将彼此独立发展的通信技术与计算机技术相结合,完善了数据通信与计算机通信网络的研究,为计算机网络的出现做好了技术准备,并奠定了理论基础。

(二)产生分组交换

20世纪60年代可以说是计算机网络发展的第二个阶段。此时正是美苏冷战期间,美国国防部领导的远景研究规划局ARPA提出要研制一种崭新的网络对付来自前苏联的核攻击威胁。因为当时传统的电路交换的电信网虽已经四通八达,但战争期间,一旦正在通信的电路有一个交换机或链路被炸,则整个通信电路就要中断,如要立即改用其他迂回电路,还必须重新拨号建立连接,这就容易导致时间上的延误。而且,用电路交换来传送计算机数据,其线路的传输速率往往很低。这是因为计算机数据出现在传输线路上是突发式的。举个例子来说明,当用户阅读终端屏幕上的信息或用键盘输入和编辑一份文件时,又或者计算机正在进行处理而结果尚未返回时,宝贵的通信线路资源就被浪费了。

新型的网络必须能够满足以下一些基本要求:

第一,不是为了打电话,而是用于计算机之间的数据传送。

第二,不同类型的计算机都要能够被连接。

第三,所有的网络节点都同等重要,这就大大提高了网络的生存性。

第四,计算机在通信时必须有迂回路由。当链路或结点被破坏时,迂回路由能使正在进行的通信自动地找到合适的路由。

第五，网络结构不仅要尽可能地简单，还要保证非常可靠地传送数据。

第六，具备更高的传输速率。

根据以上的要求，专家们设计出了使用分组交换的新型计算机网络。分组交换就是采用存储转发技术，把欲发送的报文分成一个个的"分组"，在网络中传送。

分组的首部是重要的控制信息，因此分组交换的特征是基于标记的。分组交换网由若干个节点交换机和连接这些交换机的链路组成。从理论上讲，一个节点交换机就是一个小型的计算机，但主机是为用户进行信息处理的，节点交换机是进行分组交换的。每个节点交换机都有两组端口，一组是与计算机相连的，链路的速率较低；一组是与高速链路和网络中的其他节点交换机相连的。

需要注意的是，既然节点交换机是计算机，那么输入和输出端口之间是没有直接连线的，它的处理过程则是将收到的分组先放入缓存，节点交换机暂存的是短分组，而不是这个长报文，短分组暂存在交换机的存储器（即内存）中而不是存储在磁盘中，这就保证了较高的交换速率。再查找转发表，找出到某个目的地址应从哪个端口转发，然后由交换机构将这个分组递给适当的端口并转发出去。另外，各节点交换机之间也要经常交换路由信息，但这是为了进行路由选择，当某段链路的通信中断或量太大时，节点交换机中运行的路由选择协议能自动找到其他路径并转发分组。

提高通信线路资源利用率的原理是：当分组在某链路时，其他段的通信链路并不被目前通信的双方所占用，即使是这段链路在此链路传送时被占用，其他主机仍然可发送分组该链路。由此可见采用存储转发的分组交换的实质上是采用了在数据通信的过程中动态分配传输带宽的策略。

（三）互联网时代

计算机网络发展到第三个阶段即互联网（Internet）时代。而互联网

基础结构的演进又大体经历了三个阶段，但这三个阶段在时间上有部分重叠。

1. 从单个网络 ARPAnet 向互联网的发展

1969 年美国国防部创建了 ARPAnet，即第一个分组交换网，它只是一个单个的分组交换网，所有想连接在它上面的主机都直接于就近的节点交换机相连。ARPAnet 的规模增长得很快，到了 20 世纪 70 年代中期，人们开始意识到所有的通信问题无法被一个单独的网络所满足，于是 ARPA 开始研究很多网络互联的技术，这就导致后来的互联网的出现。

1983 年 TCP/IP 协议被称为 ARPAnet 的标准协议。同年，ARPAnet 分解成两个网络，一个是进行试验研究用的科研网 ARPAnet，另一个是军用的计算机网络 MILnet。1990 年 ARPAnet 因试验任务完成并正式宣布关闭。

2. 建立三级结构

从 1985 年开始，计算机网络对科学研究的重要性逐渐被美国国家科学基金会（NSF）所认识。1986 年，NSF 围绕六个大型计算机中心建设计算机网络 NSFnet，它是个三级网络，分主干网、地区网、校园网。它代替 ARPAnet 成为了互联网的主要部分。

1991 年，NSF 和美国政府认识到互联网不会限于大学和研究机构，于是地方网络的接入得到了支持。许多公司的纷纷加入使网络的信息量急剧增加，于是美国政府决定将互联网的主干网转交给私人公司经营，并且开始对接入互联网的单位收费。

3. 形成多级结构的互联网

1993 年起，若干个商用的互联网主干网开始逐步替代美国政府资助的 NSFnet，这种主干网也被称为互联网辅助提供者（ISP）。由于考虑到互联网商用化后可能出现很多的 ISP，为了使不同 ISP 经营的网络能够互通，在 1994 年时，又创建了 4 个网络接入点 NAP，分别由 4 个电信公司经营。到了 21 世纪初，美国的 NAP 达到了十几个。NAP 是最高级的接入点，它主要是向不同的 ISP 提供交换设备，使它们能够相互通信。

现在，已经很难对目前的互联网的网络结构做出很精细的描述，但是大致能够分为 5 个接入级：网络接入点 NAP，多个公司经营的国家主干网，地区 ISP、本地 ISP、校园网、企业或家庭 PC 机上网用户。

三、计算机网络的组成和分类

（一）计算机网络的组成

若用比较通俗的语言来描述计算机网络，那就是由多台计算机（或其他计算机网络设备）通过传输介质和软件物理（或逻辑）连接在一起组成的。总的来说，其组成部分包括计算机、网络操作系统、传输介质以及相应的应用软件四部分。

（二）计算机网络的分类

要想学会如何维护计算机网络安全并且健康的上网，就需要先了解一下网络的分类。虽然网络类型有各种各样的划分标准，但是一般被大众认可的通用的网络划分标准是从地理范围的划分。按照这种标准，可以把各种网络类型大致划分为局域网、城域网、广域网和互联网四种；另外，还有一种无线网络，是现在新兴的网络类型，在此一同介绍。

1. 局域网（Local Area Network，LAN）

局域网是我们最常见、应用最广的一种网络，我们常见的"LAN"指的就是局域网。随着整个计算机网络技术的发展和提高，局域网已经得到充分的应用和普及，几乎每个单位都有自己的局域网，甚至一个家庭都能够组建自己的小型局域网。显然，所谓局域网，就是在局部地区范围内的网络，它所覆盖的地区范围较小。

在计算机数量的配置上，局域网没有太多的限制，最少的可以只有两台，而多的则可达几百台。在网络所涉及的地理距离上，一般来说，可以是几米至 10 公里以内。局域网一般位于一个建筑物或一个单位内，不存在寻径问题，不包括网络层的应用。这种网络的特点就是连接范围窄、用户数少、配置容易、连接速率高。

IEEE 的 802 标准委员会定义了多种主要的 LAN 网：以太网（Ethernet）、令牌环网（Token Ring）、光纤分布式接口网络（FDDI）、异步传输模式网（ATM）以及最新的无线局域网（WLAN）。目前局域网最快的速率要算现今的 10G 以太网了。

2. 城域网（Metropolitan Area Network，MAN）

一般来说是在一个城市，但不在同一地理小区范围内的计算机互联就是所谓城域网。这种网络的连接距离可以在 10—100 公里，它采用的是 IEEE802.6 标准。与局域网相比，城域网扩展的距离更长，连接的计算机数量更多，地理范围上可以说是局域网的延伸。

在一个大型城市或都市地区，一个城域网通常连接着多个局域网。例如，连接政府机构的局域网、医院的局域网、电信的局域网、各个公司企业的局域网，等等。由于光纤连接的引入，使城域网中高速的局域网互联成为可能。

城域网的骨干网多采用 ATM 技术。所谓 ATM 技术，是一个用于数据、语音、视频以及多媒体应用程序的高速网络传输方法。ATM 包括一个接口和一个协议，该协议能够在一个常规的传输信道上，在比特率不变及变化的通信量之间进行切换。ATM 也包括硬件、软件以及与 ATM 协议标准一致的介质。ATM 提供一个可伸缩的主干基础设施，以便能够适应不同规模、速度以及寻址技术的网络。但是由于 ATM 成本太高这一最大缺点的限制，一般它只应用于政府城域网中，如邮政、银行、医院等。

3. 广域网（Wide Area Network，WAN）

广域网也被称为远程网，其能够覆盖的范围比城域网更广。它一般是在不同城市之间的局域网或者城域网互联，地理范围可从几百公里到几千公里。因为距离较远，信息衰减比较严重，所以这种网络一般要租用专线，通过接口信息处理（IMP）协议和线路连接起来，构成网状结构，解决循径问题。这种广域网因为所连接的用户多，总出口带宽有限，所以用户的终端连接速率一般较低，通常为 9.6Kbps~45Mbps，如邮电部的 CHINANET、CHINAPAC 和 CHINADDN 网等。

4. 互联网（Internet）

互联网又称为因特网。随着互联网应用的发展和普及，它已是我们每天都要打交道的一种网络。

无论从地理范围，还是从网络规模来讲，互联网都是最大的一种网络。从地理范围来说，它可以是全球计算机的互联，这种网络的最大的特点就是不定性，整个网络的计算机每时每刻随着人们网络的接入在不断的变化。当用户连接到互联网上的时候，他的计算机就成为了互联网的一部分，但是当用户断开与互联网的连接时，他的计算机就不属于互联网了。

互联网的优点是显而易见的：信息量大、传播广。无论你身处何地，只要连上互联网就可以对任何可以联网用户发出信函、广告和文章等。由于互联网的复杂性，这种网络实现的技术也是非常复杂的。

5. 无线网

目前笔记本计算机（Cnotebook compnter）和个人数字助理（Personal Digital Assistant，PDA）等便携式计算机已经日益普及并快速发展，人们可能常常会需要在路途中接听电话、发送传真和电子邮件、阅读网上信息以及登录到远程机器等，但是在汽车或飞机上是不可能通过有线介质与公司或单位的网络相连接的，所以无线网开始有了大显身手的地方。

虽然无线网与移动通信经常联系在一起，但这两个概念并不完全相同，例如，当便携式计算机通过 PCMCIA 卡接入电话插口，它就变成有线网的一部分。另一方面，有些通过无线网连接起来的计算机的位置可能又是固定不变的，如在不便于通过有线电缆连接的大楼之间就可以通过无线网将两栋大楼内的计算机连接在一起。

无线网特别是无线局域网的优点很多，最基本的就是易于安装和使用。但同时无线局域网也有许多不足之处，例如它的数据传输率一般比较低，远低于有线局域网；另外，无线局域网的误码率也比较高，而且站点之间相互干扰比较厉害。

用户无线网的实现方法有所不同。例如，国外的某些大学在他们的校园内安装许多天线，允许学生们坐在树底下查看图书馆的资料。这种情况是通过两个计算机之间直接通过无线局域网以数字方式进行通信实现的。而另一种可能的方式是利用传统的模拟调制解调器通过蜂窝电话系统进行通信。目前在国外的许多城市已能提供蜂窝式数字信息分组数据（CDPD）的业务，因而可以通过 CDPD 系统直接建立无线局域网。

无线网络所面对的是一个需求巨大的市场，所以对其研究也成为国内外的热点。无线网最大的特点是用户可以在任何时间、任何地点接入计算机网络，这一特点使无线网具有了强大的应用前景。现在已经出现了许多基于无线网络的产品，如个人通信系统（PCS）电话、无线数据终端、便携式可视电话、个人数字助理（PDA）等。

无线网络的发展依赖于无线通信技术的支持。现在无线通信系统主要有低功率的无绳电话系统、模拟蜂窝系统、数字蜂窝系统、移动卫星系统、无线 LAN 和无线 WAN 等。

在上述五种网络的分类中，局域网是我们现实生活中真正遇到最多的，无论是在公司企业还是在普通家庭，其实现都是比较容易的，同时局域网也是应用最广泛的一种网络。

四、网络的相关概念

了解了计算机网络的组成及分类后，我们还应当了解几个相关的专业名词。

（一）网桥

网桥是一个看上去有点像中继器的设备，它具有单个的输入端口和输出端口，其与中继器不同之处就在于网桥能够解析它收发的数据。

网桥属于 OSI 模型的数据链路层，数据链路层能够进行流控制、纠错处理以及地址分配。网桥能够解析它所接受的帧，并能指导如何把数据传送到目的地。特别是它能够读取目标地址信息（MAC），并决定是否向网络的其他段转发（重发）数据包，而且，如果数据包的目标地址与源地址位于同一段，就可以把它过滤掉。

当节点通过网桥传输数据时，网桥就会根据已知的 MAC 地址和它们在网络中的位置建立过滤数据库。网桥利用过滤数据库来决定是转发数据包还是把它过滤掉。

（二）网关

不能将网关完全归为一种网络硬件。概括来说，网关应该是能够连接不同网络的软件和硬件的结合产品。特别是它们可以使用不同的格式、通信协议或结构连接起两个系统。在服务器、微机或大型机上都可以设置网关。

实际上，网关通过重新封装信息以使另一个系统能够读取它们。为了完成这项任务，网关必须能在 OSI 模型的几个层上运行。网关必须同应用通信建立和管理会话，传输已经编码的数据，并解析逻辑和物理地址数据。

由于网关具有强大的功能并且大多数时候都和应用有关，它们比路由器的价格要贵一些。另外，由于网关的传输更复杂，它们传输数据的速度要比网桥或路由器低一些。正是由于网关传输数据较慢，它们有造成网络堵塞的可能。然而，在某些场合，却只有网关能胜任工作。

常见的网关有以下几种：

1.电子邮件网关

通过这种网关可以从一种类型的系统向另一种类型的系统传输数据。例如，电子邮件网关可以允许使用 Eudora 电子邮件的人与使用

GroupWise 电子邮件的人相互通信。

2. IBM 主机网关

通过这种网关，可以在一台个人计算机与 IBM 大型机之间建立和管理通信。

3. 互联网网关

这种网关允许并管理局域网和互联网间的接入。互联网网关可以限制某些局域网用户访问互联网。

4. 局域网网关

通过这种网关，运行不同协议或运行于 OSI 模型不同层上的局域网网段间可以相互通信。

（三）网络协议

一个局域网可以由一系列的子网组成，而一个广域网可以由一系列的自治网络组成。局域网可以只使用以太网，而广域网却可能包括以太网、令牌环网、X.25 和其他一些网络。通过网际协议（IP），可以把一个包发送到局域网的不同子网和广域网的不同网络上，唯一的条件就是这些网络所使用的传输选项要保证能够和 TCP/IP 兼容。

TCP/IP 协议（Transfer Control Protocol/Internet Protocol）叫做传输控制 / 网际协议，又叫网络通讯协议，它包括上百个各种功能的协议，如远程登录、文件传输和电子邮件等，而 TCP 协议和 IP 协议是保证数据完整传输的两个基本的重要协议。通常说 TCP/IP 是 Internet 协议族，而不单单是 TCP 和 IP。

TCP/IP 协议的基本传输单位是数据包。TCP 协议负责把数据分成若干个数据包，并给每个数据包加上包头；IP 协议在每个包头上再加上接收端主机地址，这样使数据找到自己要去的地方。如果传输过程中出现数据丢失、数据失真等情况，TCP 协议会自动要求数据重新传输，并重新组包。总之，IP 协议保证数据的传输，TCP 协议保证数据传输的质量。

TCP/IP 协议数据的传输基于 TCP/IP 协议的四层结构：应用层、传输层、网络层、接口层。数据在传输时每通过一层就要在数据上加个包头，其中的数据供接收端同一层协议使用，而在接收端，每经过一层要把用过的包头去掉，这样来保证传输数据的格式完全一致。

（四）IP 地址

互联网依靠 TCP/IP 协议，在全球范围内实现不同硬件结构、不同操作系统、不同网络系统的相互连接。在互联网上，每一个节点都依靠唯一的 IP 地址互相区分和相互联系。IP 地址是一个 32 位二进制数的地址，由 4 个 8 位字段组成，每个字段之间用点号隔开，用于标识 TCP/IP 宿主机。

每个 IP 地址都包含两部分：网络 ID 和主机 ID。网络 ID 标识在同一个物理网络上的所有宿主机；主机 ID 标识该物理网络上的每一个宿主机，于是整个互联网上的每个计算机都依靠各自唯一的 IP 地址来标识。

整个互联网的基础是由 IP 地址构成的，由此可见，它是如此的重要。每一台联网的计算机无权自行设定 IP 地址，有一个统一的机构 IANA 负责对申请的组织分配唯一的网络 ID，而该组织可以对自己网络中的每一个主机分配一个唯一的主机 ID。

（五）路由器

路由器是一种多端口设备，它可以连接不同传输速率并运行于各种环境的局域网和广域网，也可以采用不同的协议。

路由器属于 OSI 模型的第三层。网络层指导从一个网段到另一个网段的数据传输，也能指导从一种网络向另一种网络的数据传输。过去，由于过多的注意第三层或更高层的数据，如协议或逻辑地址，路由器曾经比交换机和网桥的速度慢。因此，不像网桥和第二层交换机，路由器是依赖于协议的。在使用某种协议转发数据前，它们必须被设计或配置成能识别该协议。

传统的独立式局域网路由器正慢慢地被支持路由功能的第三层交换机所替代。但路由器这个概念还是非常重要的。独立式路由器仍然是使用广域网技术连接远程用户的一种选择。

第二节 丰富多彩的网络生活

随着科学技术的发展，网络走进了千家万户，为我们的生活增添了许多情趣。

一、网络文学

所谓网络文学，就是被大家认为是网络文学的文学作品，本身并没有一个明确的界限。它与传统文学并不冲突，更不是对立的。现在很多青少年都十分钟情于网络文学，从最初仅是阅读别人的作品，逐渐开始尝试在网络上表达自己的思绪、观点，倾吐内心的情感。

如今，网络文学已经成为网络生活不可缺少的组成部分了，在网络上阅读成为青少年读书的一个重要渠道。

二、网络购物

现在网上购物已经成为人们常用的购物方式之一了。人们在网上购买书籍、音像制品、日用品，甚至是各种食品。由于网上购物具有商品信息面广、成本低、可选择的余地大等特点，正在被越来越多的人所接受并喜爱。但是其同样也存在着风险，如很多网络诈骗都是以网络购物者为对象的。

三、网络电话

网络电话又可以被称为IP电话，它是一项革命性的产品，可以透过网际网络做实时的传输及双边的对话。用网络电话来进行语音传送是通过互联网协定（Internet Protocol，IP）。目前网络电话联机方式一般可以分为三种：主机到主机（PC to PC）、主机到电话（PC to Phone）、电话到电话（Phone to Phone）。

网络电话利用 TCP/IP 协议，将声音由网关转换为数据信号，并被压缩成数据包（packet），然后才从互联网传送出去，接收端收到数据包时，网关会将它解压缩，重新转成声音给另一方聆听。而传统则是以类比的方式来传送的，语音先会转换为信号，通过铜缆将声音传送到对方，网络电话的整个通话过程，不用特意租用专门的线路，而只是见缝插针地使用网络，大大节省通话费用，一般国内费用在几分钱，国际费用只加几毛钱，费用非常低廉。

四、网络休闲

网络休闲有很多方式，下面简要介绍几种：

（一）网络电视

交互式网络电视（IPTV），是一种利用宽带网的基础设施，以计算机（PC）或"普通电视机 + 网络机顶盒（TV+IPSTB）"为主要终端设备，向用户提供视频点播、互联网访问、电子邮件、游戏等多种交互式数字媒体个性需求服务的崭新技术。

（二）网络广播

网络广播是采用一种编码技术将音频数据进行压缩并传送到网上，然后利用相应的解码软件接收数据并还原为声音。之所以将其称为"听广播"，是因为这些声音是来源于实时的广播节目。

（三）网络游戏

网络游戏是吸引青少年上网的一大因素。在玩联网游戏时，需要先建立网络链接，在游戏的菜单中选择 MultiPlayer，然后在选择 TCP/IP（Internet 用户），最后链接到服务器上，就能够开始进行游戏了。

（四）网络旅游

现在，不论是国内的著名旅游景点还是国外大多数旅游国家，都纷纷在网上开辟网站，以达到自我宣传的目的。所以，通过网络，能够足不出户就轻松地周游世界，不用因为迷路而发愁，也不用担心旅费的问题，只要带着一份轻松的心情开启浏览器，就能够全身心地享受旅游的乐趣了。

（五）网络音乐

网络上的音乐资源十分丰富，不仅能够在线享受，还能够下载到计算机上，再传输到自己的 MP3 中，随身携带。

（六）电子贺卡

网络的诞生同时催生了新的贺卡品种，即电子贺卡。以往节日人们会相互赠送纸质贺卡以表达祝福，现在则改为通过电子邮件发送电子贺卡，既方便又快捷。而且电子贺卡与传统贺卡的不同之处就是，很多电子贺卡都是动画制作的，毕竟能够写上祝福的话语，还能够配上美妙动听的音乐和生动活泼的情景，收卡人能够一边欣赏优美的乐曲，一边欣赏随音乐而动的画面和文字。

五、网络教育

所谓网络教育，指的是以网络为教育环境，在现代教育思想和学习理念的指导下，充分发挥网络的各种教育功能和丰富的网络教育资源优势，向教育者和学习者提供的一种网络教学的服务，这种服务的表现方式是用数字化技术传递内容，开展以学习者为中心的非面授教育活动。

随着网络技术的高度发展及广泛应用，以互联网为基础的网上教育网站越来越多，网络教育正在逐渐改变着青少年的学习内容和学习方式。网络教学为学生提供了多条教育途径，充分实现了个性化学习和交互式合作学习，它的出现使教育社会化、学习生活化，有力地推动了终身教育这一概念的普及。

六、网络硬盘

"网络硬盘"是一块专属的存储空间，用户通过上网登录网站的方式，可方便上传、下载文件，而独特的分享、分组功能更突破了传统存储的概念。与其他同类产品相比，"网络硬盘"产品具有直观预览、四级共享、分组管理和稳定安全四个特点。

网络硬盘是指"通过网络连接管理使用的远程硬盘空间"，可用于传输、存储和备份计算机的数据文件，方便用户管理使用。本站用户可在全球任何有互联网接入的计算机终端上连接使用"e网通"提供的网络硬盘服务。

七、网络金融

又称电子金融（e-finance），是指在国际互联网上实现的金融活动，包括网络金融机构、网络金融交易、网络金融市场和网络金融监管等方面。它不同于传统的以物理形态存在的金融活动，是存在于电子空间中的金融活动，其存在形态是虚拟化的、运行方式是网络化的。它是信息技术特别是互联网技术飞速发展的产物，是适应电子商务（e-commerce）发展需要而产生的网络时代的金融运行模式。

八、网络营销

网络营销的全称是网络直复营销，属于直复营销的一种形式，是企业营销实践与现代信息通信技术、计算机网络技术相结合的产物，是指企业以电子信息技术为基础，以计算机网络为媒介和手段而进行的各种营销活动（包括网络调研、网络推广、网络新产品开发、网络促销、网络分销、网络服务等）的总称。

第三节 青少年上网的好处和弊端

网络的信息化特征催生青少年的现代观念的更新，例如效率观念、学习观念、全球意识，等等，同时网络的四通八达促使青春期的孩子们不断地接触并接受着新事物、新观点、新技术。如今网络对于青少年而言，已经是一个不能回避的东西了。尽管网络存在着诸多安全隐患和不良信息，但是众多的专家仍旧认为网络带给青少年的正面的积极影响多于负面的消极影响。

一、青少年上网的好处

（一）开阔视野、拓展思路

互联网上的信息量巨大，仿佛是一个丰富的百科全书。互联网上的信息更新与交流的速度快，自由度较强，实现了全球信息共享，青少年可以在网上任意遨游，随意获取自己所需的各类信息。通过网上浏览世界、认识世界，了解世界最新的新闻信息、科技动态，这

些都极大地开阔了青少年的视野，为他们的学习、生活带来了巨大的便利和乐趣。

此外，互联网所具有的包容性，使上网的青少年处于和现实生活完全不同的环境中，在思考的过程中，青少年不仅锻炼了自己独立思考问题的能力，而且也提高了自己对事物的分析力和判断力。

（二）促进青少年个性化发展

互联网为青少年提供了一个无限丰富的发展平台和环境，青少年可以在互联网中找到自己的兴趣、发展方向，同时也能够得到发展的动力和资源。网络上的知识设计范围极广，犹如浩瀚的大海，能够为青少年提供诸多的学习机会，而青少年通过网络能够学习、研究自己感兴趣的内容，同时能够激发其创新的思维，让青少年自发地、出于兴趣地学习，这样才是最有效率的学习方式。总之，网络为青少年进行大跨度的联想和想象提供了十分广阔的领域，为创造性思维不断地输送养料；同时，一些计算机游戏也能在一定程度上起到强化青少年逻辑思维能力的作用。

另外，青少年可以在互联网上毫无顾忌地向网友倾诉心事、进行交流，消除不良情绪，预防心理障碍生成；在论坛中发表自己对各类问题的看法和见解，如果能够得到众多网友的支持，则会使自己产生成就感；通过网络提供的各种便捷软件，青少年可以做出各种漂亮的图片、贺卡、动画等，促使他们找到自己的兴趣，提升审美情趣等。这些对提高青少年的自信心、促进身心健康和个性化发展都有着十分显著的作用。

（三）增强青少年对外交流

青少年上网可以进一步扩展对外交流的时空领域，实现交流、交友的自由化。网络所创造的是个虚拟的新世界，所有进入这个新世界的成员都能够超越时空的限制，十分方便地与相识或不相识的人进行联系和交流，共同讨论感兴趣的话题。网络交流的"虚拟"性避免了人们面对面直接交流时的摩擦与伤害，从而为人们情感需求的满足和信息获取提供了崭新的交流场所。

　　同时，现在的青少年以独生子女为多，在家中比较孤独，从心理上说是最渴望能与人交往的。现实生活中的交往可能会给他们特别是内向性格的人带来压力，而网络给了他们一个新的交往空间和相对宽松、平等的环境。

（四）拓展了青少年受教育的空间

　　互联网上的丰富源可以帮助青少年们找到诸多合适的学习材料，甚至是合适的学校和教师。目前，在国外大、中学校出现了一种新颖的教育模式，即在互联网上的"空中课堂"上课。青少年不仅可以通过互联网及时了解学校的情况，甚至可以学习课程，和老师进行直接交流，答疑解惑、获取知识。诸多网校的建立，为青少年的求知和学习提供了良好的途径和广阔的空间。

　　此外，还有一点值得提出的是，有许多学习困难的学生，学计算机和做网页却一点也不叫苦，可见，他们的落后主要是由于其个性类型和能力倾向不适从某种教学模式。可以说，互联网为这些"差生"提供了一个发挥聪明才智的广阔天地。

（五）提供了新的获取各种信息的渠道

　　从网上获取最新的信息，是青少年上网的第一目的。现在的青少年关注的焦点广泛而繁多，传统媒体已经无法及时满足他们如此之多的兴趣点了，而互联网信息容量大、更新速度快等特点最大限度地满足了青少年的需求，为他们提供最为丰富的信息资源。上网可以及时了解时事新闻，获取各种最新的知识和信息，这些对以后的学习和生活都有很好的指导作用。上网可以充实头脑，只要留心就可以学到许多学校里学不到的知识，扩大自己的知识面。现在，互联网正在成为青少年获取种种信息的最佳来源。

（六）有利于开发青少年的潜能

网络本身的特点决定了它具有广泛性和互动性，通过各种聊天方式以及在 BBS 上留言、发帖，能够参与对各种社会问题的讨论活动，广泛结交朋友，激发青少年的好奇心和求知欲，使其潜能和潜质得到有效地发挥。

（七）有助于青少年不断提高自身的技能

美国的一些专家学者将计算机技能作为未来成功青年所必须掌握的五项基本技能之一，因为在互联网上，我们几乎可以找到涉及人类生活的所有方面的各类信息，互联网对那些能够熟练使用计算机的青少年来说，能够称得上是一个取之不尽、用之不竭的知识宝库。上网能够使青少年学会更多课堂以外的知识，并且在实践中灵活运用课堂内的知识，有利于学生创造能力的培养。未来的世界是网络的世界，青少年适当上网有利于跟上时代潮流，以便今后更快地适应这个高科技飞速发展的现代社会。

二、青少年上网的弊端

（一）网络上的垃圾信息易对青少年造成"信息污染"

网络是一个信息的宝库，但不是所有信息都是有用的，其中不乏各式各样的垃圾信息。网络上存在着良莠不齐的各类信息，真假难辨，由于缺乏有效的监管，网上色情、反动等负面的信息屡见不鲜。同时，网络的互动性与平等性又使得人们可以在一个绝对自由的环境下接收和传播信息。青少年身体、心理都正处于发育期，是非辨别能力、自我控制能力和选择能力都比较弱，这些不良信息对于他们来说有着难以抵挡的负面影响。尤其是有些网吧经营者更是抓住青少年这一特点，包庇、纵容、支持他们登录色情、暴力网站，使他们沉迷于网上不能自拔。一些青少年也因此入不敷出，直至走上偷盗、抢劫、强奸、杀人的犯罪道路。

（二）网络信息传播的任意性容易弱化青少年的道德意识

丰富多彩的互联网信息极大地丰富了青少年的精神世界，但是由于信息传播的任意性，形形色色的思潮、观念也充斥其间，对于自我监控能力不强、极富好奇心的青少年具有极大的诱惑力，导致丧失道德规范。同时，互联网上信息接受和传播的隐蔽性使青少年在网络上极易放纵自己的行为，完全按照自己的意愿来做自己想做的事，而忘却了社会责任。部分青少年并不认为"网上聊天时说谎是不道德的"，认为"在网上做什么都可以毫无顾忌"等，使得青少年对自我行为的约束力大大减弱，导致网上不良行为逐渐增多。

（三）网络的虚拟性造成青少年社会化的"不足"

有调查显示，20.4%的青少年上网的主要目的是聊天。网络可以即时传送文字、声音、图像，为青少年人际交往提供多媒体化、互动性的立体途径。青少年通过QQ、电子邮件、BBS等途径可以与许多互不相识的人交谈、交往，互相帮助，互相倾诉。但是，这种社会化只是一种虚拟的社会化，人与人之间的交往存在机器的阻隔，是一种"人—机—符号—符号—机—人"的交往形式。这种形式的交往去除了互动双方的诸多社会属性，带有"去社会化"的特征，与真实社会情境中的社会化相去甚远。

而且，网络上的青年交往范围大多只限于青年与青年之间的同辈交往，青少年与家长、亲戚朋友、老师等之间的社会互动较少，互动明显不足。

（四）网络的诱惑性造成青少年"网络上瘾""网络孤独"等症状

在网络上，似乎每天都有新鲜事物出现，并且不断地增多，所以对易于接受新鲜事物的青少年有着无限的吸引力，可这种吸引往往会导致青少年对网络的极度迷恋，男性青少年是网迷的主要人群。由于他们心理素质不强，自制能力相对较弱，所以成为网络性心理障碍的多发群体。患者因为将网络世界当做现实生活，脱离时代，与现实中的人没有共同语言，从而表现为孤独不安、情绪低落、思维迟钝、自我评价降低等症状，严重的甚至有自杀意念和行为。医学上把这种症状叫做"互联网成瘾综合征"。

第二章　网络道德教育概况

网络的诞生和发展，给了每个普通人一个极大开放和自由驰骋的空间，人们足不出户就可以得到几乎自己想要的一切，包括可以在网上天马行空、畅所欲言……但是，当我们大踏步进入网络时代、享受网络带来的种种便利与难以言喻的狂喜时，也遇到了前所未有的道德困境。一些网络上不道德的现象利用网络的神秘性和隐蔽性呈愈演愈烈之势，而这些不良内容最大的受害者就是青少年，于是一个新的课题——网络道德问题被越来越多地提出，人们对网络道德教育的呼声也越来越高。

第一节　了解网络道德

每个网络用户和网络社会成员享有平等的社会权利和义务，他们都被给予某个特定的网络身份，即用户名、网址，每一个成员都应当受到网络道德规范的约束。

一、网络道德的定义

所谓网络道德，是指以善恶为标准，通过社会舆论、内心信念和传统习惯来评价人们的上网行为，调节网络时空中人与人之间以及个人与社会之间关系的行为规范。

网络道德是时代的产物，与信息网络相适应，人类面临新的道德要求和选择，于是网络道德应运而生。网络道德在一定社会背景下也是人们的行为规范，赋予人们在动机或行为上的是非善恶判断标准。网络道德还是一种实践精神，它是人们对网络持有的意识态度、网上行为规范、评价选择等构成的价值体系，是一种用来正确处理、调节网络社会关系和秩序的准则。

二、网络道德的产生

网络道德是为了应对各种不良的网络行为而产生的，网络的社会化是其产生的基础。其产生、发展与网络技术的发展和网络影响力的逐步扩大基本上是同步的。

在网络刚刚产生的时候，网络仅仅是一种供人们工作、科研和学习的工具。一般都是由一间机房或一栋建筑内的几台至几十台计算机组成，而且在网络上相互联系的人们大都互相认识。这一阶段的网络与传统的办公交流区别并不大。在这种关系下，传统的道德规范仍然能起到作用，规范着人们的行为。所谓的"协议"也在网络的应用过程中产生了，例如，超文本传输协议，等等，但这种协议一般是技术层面的，与网络道德完全不同。

之后，随着网络应用范围的扩大与网络联机者的增加，一些约定俗成的规范和规则逐渐在网上形成了。现实社会中的规则仍是这些规则的基础，与传统的道德规范和准则没有发生冲突，它仅仅是作为传统道德的延伸而存在的，例如，电子邮件的格式是以现实中书信的格式为范本的。可以说网络发展到局域网阶段，产生网络道德文明的技术和物质基础还没有具备。在这一时期，传统道德仍旧在网络中发挥着作用，两者之间的冲突并没有显露，更没有剧烈到需要新的道德准则来解决的地步。

20世纪八九十年代，计算机进入了迅猛发展的时期，网络开始越来越多地进入人们的工作和生活中，网络信息资源得到极大的丰富。

无论是浏览世界各地的新闻、观看在线直播，还是在各种论坛上发表言论，等等，都能够反映出网络让人们的生活发生了翻天覆地的变化，甚至有人已经达到了上网成瘾的地步，诸多网络用语、新鲜词汇层出不穷。网络对社会生活无孔不入的渗透，产生了足以改变现有道德规范的物质基础。

网络像一把"双刃剑"，它为我们的生活发展提供了无限的机遇，但同时也带来了诸多负面的、消极的影响。网络社区区别于现实社会的特点是它的虚拟性与非责任性，同时这也是引发各种不道德现象与危机的根源所在。

在网络的社会里，时间和空间都被缩小了，国家和地区的限制没有了，时间的约束也消失了；在这里人们可以任意"远行"。但看待网络社区并不能盲目乐观，一旦进入网络这个虚拟的空间，每一个人都是以符号的形式而存在的，人们所有的档案、信息都可以任意地虚构，而且没有人会去追究，也没人会在乎。人与人之间的社会关系逐渐被人与网络之间的关系所取代，一个人从吃穿用到开会办公，几乎所有的事情都可以用计算机和网络解决。个人的世界变得相对封闭，人际关系变得更为次要，从而导致了人与人之间关系的疏远，进而容易引发人的心理健康问题。

虚拟网络的自由性让人们能够上网发表见解、发布信息而没有任何的约束和限制，有利于言论自由的实现，但是由于缺乏对信息的审查和核实，传统的道德约束将不再起作用，因此，虚假信息、诬蔑性言论开始泛滥；此外，随着地域限制的弱化，各国、各民族之间的文化冲突与交融越来越广泛而紧密，但同时引起了文化渗透和"殖民"现象，加剧了民族文化的危机感，各个国家纷纷采取种种措施保护自己民族文化的独立性。

基于上述问题和网络社区的种种特点，建立一套新型的道德规范已经成为必然要求。最开始，先是在一个团体、协会中出现了统一的道德标准，这种准则逐渐被大多数人所接受，影响力逐渐扩大，成为网络社会所公认的道德规范。于是，网络道德便在这种互相间的认可中产生了。

网络道德并不是完全独立于传统道德的，可以说，网络道德是传统道德在网络上的延伸与扩展。如果把网络道德每条准则上的"在网络上"这一修饰词忽略掉，得到的就是现实生活中人人都应遵守的道德准则——遵纪守法、诚实守信、不要乱动他人东西等。可是网络的虚拟性造成这些看起来浅显易懂的道德准则在网络上实施要困难得多。

国外一些计算机和网络组织曾为其用户制定了一系列相应的规范。在这些规范中，比较著名的是美国计算机伦理协会（Computer Ethics Institute）为计算机伦理学所制定的十条戒律。这些规范是一个计算机用户在任何网络系统中都"应该"遵守的最基本的行为准则，这十条戒律的具体内容有以下几个方面：

第一，你不应用计算机去伤害他人。

第二，你不应干扰他人的计算机工作。

第三，你不应窥探别人的文件。

第四，你不应用计算机进行偷窃。

第五，你不应用计算机作假证。

第六，你不应使用或拷贝你没有付钱的软件。

第七，你不应未经别人许可而使用别人的计算机资源。

第八，你不应盗用别人的智力成果。

第九，你应该考虑你编的程序所造成的社会后果。

第十，你应该以深思熟虑和慎重的方式来使用计算机。

另外，美国的计算机协会（The Association of Computing Machinery）是一个全国性的组织，该组织为其成员制定了下列伦理道德和职业行为规范：

第一，要为社会和人类作出贡献。

第二，避免伤害他人。

第三，要诚实可靠。

第四，要公正而且不采取歧视性的行为。

第五，要尊重包括版权和专利在内的财产权。

第六，要尊重知识产权。

第七，要尊重他人的隐私。

第八，要保守秘密。

三、网络道德原则

网络道德有全民原则、兼容原则和互惠原则三大原则。它们是建立在诚信、安全、公开、公平、公正、互助的基础之上的。

（一）全民原则

一切网络行为必须服从于网络社会的整体利益，是网络道德的全民原则中包含的重要内容。此外，它还要求网络社会决策和网络运行方式必须以服务于社会一切成员为最终目的，不得以经济、文化、政治和意识形态等方面的差异为借口把网络仅仅建设成只满足社会一部分人需要的工具，并使这部分人成为网络社会新的统治者和社会资源占有者。网络应该排除现有社会成员间存在的政治、经济和文化差异，为一切愿意参与网络社会交往的成员提供平等交往的机会，为所有成员所拥有并服务于社会全体成员。

全民原则包含下面两个基本道德原则：

1. 平等原则

指的是每个网络用户和网络社会成员享有平等的社会权利和义务。从网络社会结构上讲，他们都被赋予了某个特定的网络身份，即用户名、网址和口令，同时他们应当得到网络所提供的一切服务和便利，而同样应当遵守并履行作为一个网络行为主体所应该履行的网络共同体的所有规范的义务。

2. 公正原则

就是要求网络对每一个用户都应该做到一视同仁，它不应该给予某些用户特殊的权利并为某些人制定特别的规则。所以相对的，作为网络用户，你既然与别人具有同样的权利和义务，那么就不要强求网络能够给你与别人不一样的待遇。

（二）兼容原则

网络道德的兼容原则认为，网络主体间的行为方式应符合某种一致的、相互认同的规范和标准，个人的网络行为应该被他人及整个网络社会所接受，最终实现人们网络交往的行为规范化、语言可理解化和信息交流的无障碍化。其中最核心的内容就是要求消除网络社会由于各种原因造成的网络行为主体间的交往障碍。

兼容原则要求网络共同规范能够被一切网络主体和一切网络功能所适用。网络的道德原则只有适用于全体网络用户并得到全体用户的认可，才能被确立为一种标准和准则。要避免网络道德的"沙文主义"和强权措施，谁都没有理由和"特权"硬把自己的行为方式确定为唯一道德的标准，只有公认的标准才是网络道德的标准。

兼容原则总的要求和目的是使网络社会人们的交往达到无障碍化和信息交流的畅通性。如果在一个网络社会中，有些人无法与别人交流的原因是计算机硬件和操作系统，而有些人不能与别人正常进行网络交往是因为不具备某种语言和文化素养，还有些人被排斥在网络系统的某个功能之外，那么可以说这样的网络是不健全的。从道德原则上讲，这种系统和网络社会也是不道德的，因为它排斥了一些参与社会正常交往的基本需要。因此兼容已经不仅仅是技术问题，也成为了道德问题。

（三）互惠原则

任何一个网络用户必须认识到，自己既是网络信息和网络服务的使用者和享受者，也是网络信息的生产者和提供者。网民们有网络社会交往的一切权利时，也应承担网络社会对其成员所要求的责任，这就是网络道德的互惠原则所表明的内容。也就是说，信息交流和网络服务是双向的，网络主体间的关系是交互式的，用户如果从网络和其他网络用户中得到利益和便利，也应同时给予网络和对方利益和便利。

互惠原则集中体现了网络行为主体道德义务和权利的统一。从伦理学的角度来看，道德义务是"指人们应当履行的对社会、集体和他人的道德责任。凡是有人群活动的地方，人和人之间总得发生一定的关系，处理这种关系就产生义务问题。"每一个网络社会的成员，都必须承担社会赋予他的责任，他有义务为网络提供有价值的信息，有义务通过网络帮助别人，也有义务遵守网络的各种规范以推动网络社会稳定有序的运行。这些可以是人们对网络义务自觉意识后而自觉执行，也可以是意识不到而规范"要求"这么做，但总而言之，义务总是存在的。相对的，履行网络道德义务与行为主体享有各种网络权利并不冲突，美国有学者曾指出："权利是对某种可达到的条件的要求，这种条件是个人及其社会为更好地生活所必需的。"

四、网络道德的特点

网络道德由于虚拟空间的出现而产生新的要求，它与植根于物理空间的现实道德相比较，有其新的特点。

（一）开放性和多元性

在现实社会中，道德尽管是因生产关系的多层次性而有不同的存在形式，但是每一个特定社会只能有一种道德居于主导地位，所以，从某种意义上来说，现实社会的道德是单一的、一元的。而网络道德与之不同，它呈现出一种不同的道德意识、道德观念和道德行为，不受时空限制的经常性的冲突、碰撞、融合和重构。

互联网把不同国家和地区的人们连接起来，从而形成多元文化价值的共存。一方面，它使具有不同个人信仰、风俗习惯、生活方式和价值观念的人们增进了相互之间的沟通和理解，达到了融合；另一方面，也使各种文化冲突日益表面化和尖锐化。落后的道德意识、道德规范和道德行为与先进的道德意识、道德规范和道德行为并存，呈现出表面化、开放性的趋势。而在开放的网络社会中，人们作为道德主题，具有自由选择道德取向的权利，经常对处于冲突之中的各种价值取向作出即时的取舍选择，网络社会正是这样逐渐走向真正意义上的"价值多元化"。如在涉及每一个网络成员切身利益和网络秩序的正常维护方面，存在着同一的道德规范，而在各个不同国家、民族和地区中又有着各自特殊的道德准则。这些由于彼此之间并没有实质性的利害关系而能够求同存异。因此，网络道德的多元性和开放性是相统一的。

（二）自主性和自律性

由于时空的限制，传统社会往往交往面狭窄，在一定意义上是一个"熟人社会"。依靠熟人（朋友、亲戚、邻里、同事等）的监督，慑于道德他律手段的强大力量，传统道德得到相对较好的维护，人们的道德意识较为强烈，道德行为也相对严谨。而以往人们的道德行为常常是做给他人特别是可能对自己有影响的人"看"的。由此，便可以认为，传统社会的道德主要是一种依赖型道德，是一条由熟人的目光、舆论和感情构筑成的道德防线。

与传统社会相比，互联网是人们为了满足各自的需要而自发自愿连接建立起来的，所以网络社会更大程度上是"非熟人社会"。这样的网络环境是以网络技术为基础的，较少有人干预、过问、管理、控制，在网络环境中，人们就进入了一个"没有人认识自己"的世界，只需要自己对自己负责，自己管理自己，并根据自己的需要独立地选择网络服务的项目和内容、发布和接受任何信息，个体的自主性得到了前所未有的体现。但同时，由于网络道德规范是人们根据既得利益和需要制定的，因此增强了人们遵守这些道德规范的自觉性，要求人们的道德行为具有更高的自律性，要能够自我主宰、自我约束、自我控制，才能真正体现出人格的尊严和道德的觉醒。可以说，随着网络时代的来到，人们建立起来的应该是一种具有自主性和自律性的新道德。

五、网络道德的内涵

网络道德的基本内涵主要包括爱国为民、遵纪守法和文明诚信。

（一）爱国为民

爱国为民是社会主义道德的一项基本要求，其反映到网络道德主要包括以下这些内容：不在网络上发布有关损害集体、国家和民族的言论；不做任何危害集体、国家和民族的事情；坚决同一切煽动分裂国家、破坏国家统一和民族团结、破坏和颠覆社会主义制度的敌对势力作斗争。

我们从小就受到的道德教育中包括爱国爱党、为人民服务，这是我们建立正确的人生观、价值观、世界观的基础，强化爱国意识和民族意识的基础。青少年的思想尚未成熟，识别能力较弱，坚持"爱国为民"是青少年应当遵守的最重要的网络道德要求。

（二）遵纪守法

遵纪守法不仅是每一个公民必须履行的义务，也是网络道德最基本的要求。法律规定了人们最低的道德准则，是道德的外部惩罚中最严厉的。在网络道德中，遵纪守法要求所有网上用户遵守计算机网络管理方面的有关规定：不对网络系统功能或存储、处理、传输的数据和应用程序进行删除、修改等破坏；不利用网络从事危害国家安全、泄露国家机密等违法犯罪活动；不擅自进入未经许可的计算机系统盗取或篡改他人的信息；不制造、不传播计算机病毒及从事其他侵犯网络和他人合法权益的活动；同时还要能够正确运用法律手段保护自己的合法权益不受侵犯。

（三）文明诚信

文明诚信所包括的内容是反对虚伪欺诈，提倡网络实名制；不在网络上捏造或者歪曲事实，故意散步谣言，扰乱社会秩序；不在网络上宣传封建迷信、庸俗、色情、淫秽、暴力、凶杀、恐怖等有害信息，不在网络上查阅、复制和传播有碍社会治安和伤风败俗的不良信息；不得有侮辱性的语言、文字、图像等对他人进行讽刺、谩骂甚至人身攻击或者捏造事实诽谤他人；不在网络上编造和传播黄色、政治笑话等庸俗信息。

作为青少年，我们应当坚决地反对各种不良信息，要对自己在网上的所作所为负责，并增强自我约束意识和自我保护能力；从自己做起，既遵守网络道德要求，做一名网络绅士，也要捍卫网络道德尊严，做一名网络卫士。

第二节　了解网络道德行为失范

一、网络道德行为失范的概念

所谓道德失范，是指社会生活中基本道德规范的缺失与不健全所导致的社会道德调节作用的弱化以及失灵，并由此产生整个社会行为层面的混乱无序。

现在，人们通过电子邮件相互联系，通过聊天工具进行交流，在网上购物、阅读新闻……可见，网络道德已经和我们密不可分了。当人们的某些社会行为被搬到了网上，大家在网上交往、学习，就形成了一个新"社会"、一个虚拟社区。在这个新"社会"中，一种新型的人际关系正在逐渐形成。网络技术作为一种工具，在为社会的发展提供便利条件的同时，也造成了某些负面、消极的影响，甚至导致了网络道德的行为失范。

二、行为失范的理论解释

关于学生心理障碍和失范行为可以从心理学和社会学两方面进行理论解释。

（一）心理学解释

从心理学角度看，主要可以从两种观点解释学生失范行为：

1. 挫折—侵犯说

心理学家认为失范行为是一种由挫折产生的针对他人和社会的侵犯形

式。而需要强度或者受阻的程度则是挫折的程度的基础，进而可以推断侵犯的强度与挫折的强度有关。

2.心理缺陷说

一些心理学家力图把越轨、犯罪解释为"心理缺陷"的结果。他们认为正常人知道限制他们的越轨冲动，而"心理缺陷者"却不知道限制他们的越轨冲动。而造成"心理缺陷"的主要原因是童年的社会化失调。如果一个孩子在童年时代遭到双亲的遗弃，就会导致孩子正常的社会化过程中断，使他们在心理和情感上受到严重的挫折，就难以发展出健全的人格和自我，长大后就难以适应社会环境，从而容易产生越轨和犯罪行为。

（二）社会学解释

心理学解释在分析一个具体个人为何会产生越轨或犯罪行为时富有成效，但它难以解释作为一种群体或社会现象的越轨或犯罪。所以还需要从社会学的角度对其进行分析。

社会学在解释学生失范行为时主要可以分为两类研究取向：一类是"结构模式"，主要从社会结构和文化的角度去探讨；另一类是"过程模式"，主要从越轨的过程进行分析。其中，结构模式种类最多，具体包括以下几种：

1.差异交往说

美国犯罪学家萨兰德（Sarander）在其著作《犯罪学原理》中提出了一种基本假设，即所有的人都要经历社会化过程，但他们如何社会化取决于他们与谁交往。一个孩子通过与越轨群体的交往学到了对越轨行为的理解、态度和技能，他与越轨群体的交往越密切，这个孩子学到的犯罪手段就会越高，犯罪的动机越高，犯罪的可能性也就越大。

2.失范说

在16世纪的神学中，"失范"一词是指不守法尤其指亵渎神的现象。法国社会学家涂尔干以此为论证，说明"与道德规范不一致的社会现象"。

在他看来，道德规范是维持人与人以及社会团结的基础，由于社会巨变，尤其是法国处于从传统农业社会向工业社会的大转变时期，使得控制个人行为的道德规范越来越松弛，个人之间的道德制约丧失了，这就是失范现象。

3. 控制缺乏说

这一理论是由雷克里斯提出的。他认为，群体的成员资格和社会生活环境决定个人的行为，但他特别强调社会环境的社会控制对个人的效用，并认为越轨和犯罪是由于社会内外部的控制削弱和受到破坏引起的。

4. 手段—目标说

这一理论由美国社会学家默顿提出，他认为社会整合的缺乏会造成极度紧张，从而引起越轨行为。但他提出这种极度紧张不是因社会整合的缺乏引起的，而是因社会手段和目标不统一造成的。社会在文化上为每个人规定了合法的正确目标，但社会并没有在结构上为每个人提供合法的手段去实现这些目标，这样就会使人产生挫折和紧张，在没有合法的手段时就会用非法的手段来实现这些目标，从而出现越轨行为。

5. 亚文化群理论

这一理论的代表是美国社会学家科恩，他在《亚文化群体》一书中提出：犯罪者亚文化群所具有和维护的价值观及行为倾向，是与主流文化的价值观及行为倾向相抵触、相背离的，这是犯罪的真正根源，而亚文化的产生是社会化过程不完善、不适当引起的，并且通常是在社会下层阶级居住区形成的。这种观点从文化角度分析失范行为，体现了社会学的洞察力。但是这种理论的适应面较窄，它难以解释"白领犯罪"、高科技犯罪以及为什么犯罪率有起伏差异等。

6. 标签论

标签论是过程模式的主要代表，盛行于 20 世纪 60 年代。这一理论的代表是美国社会学家贝克。这种理论主要运用互动理论探讨越轨—犯罪的过程，而不是它的原因；强调了违法、犯罪是社会创造的，而非本体所赋予或自然发生的。

标签论的要点有三：第一，失范是一种政治现象，权力常常是决定谁去贴"失范者"这个标签，以及谁被贴这个标签的关键因素；第二，必须改造的是社会关系，而不是失范者；第三，认为失范与控制失范是同一社会现象的两个相互联系的组成部分。这种理论因此特别强调了犯罪的过程，分解了从"初级越轨者"到"次级越轨者"的变化过程。

三、失范行为的分类

根据德国社会学家韦伯提出的关于社会行为的"理想类型"，对所有的社会行为的高度的理论概括，可以把学生失范行为划分为目的取向型失范行为、价值取向型失范行为、情感型失范行为和传统型失范行为四类理想类型，见表2-1。

表2-1 学生网络道德行为失范的特征及其失范理论比较表

失范行为类型	行为目的	行为特征	行为举例	适用理论
目的取向型	谋取个体或群体的功利性利益	理性行为	网络犯罪、网络欺骗、黑客	差异交往论亚文化理论经济犯罪论
情感型	满足生理、心理、情感上的需求	非理性行为	网络聊天、游戏、网络沉迷	心理学解释
价值取向型	反对主导目标、价值观	理性行为	黑客	亚文化理论控制缺乏说标签论
传统型	遵循传统习俗、维护传统秩序	非理性行为	从众心理网络团伙	"失范"理论控制缺乏说

目的取向型失范行为，指的是行为失范者采用违背教育规范的手段谋取个体或群体利益的失范行为。这种失范行为可能仅仅是非正常行为或越轨行为，同时也可能是指违法甚至犯罪行为。这种行为可能是物质利益驱使之下的理性选择，也可能是社会学习和模仿的社会化结果。其主要特征是目的是理性的，手段是违规甚至违法的。

情感型失范行为，主要是指为了满足生理、心理或情感上的需要而做出的失范行为。尽管有时失范行为者是经过"理性"选择的，但这种行为的目的是为了满足个体生理、心理和情感上的需要，所以实际上是一种非理性行为。例如，青少年基于报复心理、满足虚荣心的打架斗殴事件等，其共同特征是：行为目的既非功利性，也非价值取向型，而是个体需求型。这种行为主要可以用心理学的失范理论进行解释。

价值取向型失范行为，指的是行为失范者的价值观念与教育主导观念相背离，力图诋毁或改变教育主导观念而违背教育规范所造成的失范行为。亚文化理论和标签论均能有效地解释这种失范行为。

传统型失范行为，指的是行为失范者没有主观上的失范构想，仅仅是因遵循传统习俗而违背教育规范所造成的失范行为。例如，学生之间因讲"哥们义气"而导致的失范行为，教师因遵循传统的教育观念、方式、方法而出现的失范行为。这种情况主要可以用涂尔干、默顿的失范理论、控制缺乏说等做出解释。

上述是借鉴韦伯的理想类型所勾勒的学生失范行为类型，具有典型的理论分析价值。每一种学生失范行为，均可以通过一种或有限的几种"失范理论"做出较好的解释。但是，这种分类毕竟只是"理想类型"，实际生活中的学生失范行为种类繁多，很难被完全概括。

四、网络道德失范行为的危害

（一）网络道德失范严重弱化了青少年个体社会化的进程

根据社会心理学的理论，社会化作为一种发展过程，是通过个人和他人间一种连续的、经历着许多阶段和变化的相互作用的过程，现实中的人际沟通对个体社会化进程至关重要。通过许多心理试验也能够证明，如果一个人脱离社会群体，缺乏必要的人际交往，那他就无法成为一个真正的社会人。

目前，现实中有许多青少年过度地在网络上寻求刺激，沉溺于虚拟的网络社会，迷恋网上聊天、网上交友、网络游戏，甚至与陌生的网友陷入网恋，从而逐渐导致自我封闭，与现实社会相脱离。调查表明，大多痴迷于网络的学生的共同问题都是对环境适应不良、学习兴趣不浓、人际关系受挫、情绪内敛、情感压抑、思维受阻、性情孤僻等。面对现实的困难和挫折，他们不是积极认真地去面对，而是消极逃避，试图在虚拟的网络中寻找精神的慰藉和心理的平衡。过度依赖网络不仅阻断了青少年正常社会化的情感渠道，而且还会导致青少年学生在感知、思维、情感、意志、个性等方面受到不同程度的摧残，导致对现实生活的恐惧感增强，致使青少年社会化的进程被严重弱化的。

（二）网络道德失范容易导致青少年品德心理畸形发展

要形成良好的品德心理，需要知、情、意、行四种心理成分共同促进以及内外途径综合作用。但是由于种种原因，家长对学生的影响力正在逐渐失去，学校德育工作因其方式单一性和内容政治化的局限也慢慢丧失了对青少年的吸引力。因此，学生个体在自身社会化中扮演着十分重要的角色。但是，很多处于青春期的学生不是积极努力去适应现实生活，而是沉迷于网络。

在虚拟的网络社会里，青少年很容易肆意放纵自己。在网络上，有很多大肆宣扬西方意识形态，传播色情、暴力、迷信等颓废庸俗的内容；还有很多人发表反动言论、恶意攻击、谩骂他人甚至发展畸形的网恋；还有一部分人为了经济利益实施网络诈骗、偷窃他人网络财富等。这些行为均以反社会的面目出现，并由此能够折射出青少年内心的自私占有心理和破坏心理。网络道德的缺失最终将导致这些青少年道德认识模糊、道德情感淡漠、道德意志薄弱、道德行为失范。在虚拟的网络社会里，青少年的品德心理逐渐畸形发展和被扭曲。

（三）网络道德失范容易导致青少年人格发展错位

环境是影响人格形成和发展的第二大因素，其重要性仅次于个性。青少年正处在身心急剧发展和自我意识分化、矛盾逐渐走向统一的特殊时期。因此，良好有序的环境对于青少年人格健康发展至关重要。

由于青少年网络道德失范导致网络环境恶化，不利的网络环境反过来又影响着青少年身心发展。网络的匿名和隐蔽性给青少年提供了极大的自由空间，在网络的虚拟空间里青少年可以完全展示着个性和本我的一面，明目张胆地浏览暴力、恐怖和色情的信息，畅谈性的自由与开放。网络中的良莠不分、藏污纳垢导致许多青少年在虚拟世界中迷失自我。在网络环境中，青少年们遵循着快乐的原则，追求着感官的刺激，完全可以不考虑社会规范和道德而自由地发表观点。然而，现实生活中每个人都必须接受来自社会舆论的监督，按照社会人的标准和道德原则生活和行事。

网络内外的这种"双重道德标准"极易使涉世未深的青少年思想意识模糊，价值观念扭曲。在虚拟的空间追求无限而低级的刺激，甚至沦为网络的奴隶，网络失范容易导致青少年的人格缺陷，甚至形成人格的发展错位。有相关资料显示，很多青少年希望自己在网上成为和现实生活中不一样的人，这正是学生人格缺陷的具体反映。

五、网络道德行为失范的成因

（一）青少年的价值观和人生观不够成熟

第一，青少年还处于成长阶段，没有建立完善的价值观、人生观，具有很强的可塑性，外界的环境对他们的认知会产生很大的影响。而网络文化恰恰是一种包容多元的非权威文化，其具有能够无限扩展的空间，以至于接纳反传统反主流甚至不良的信息资源，这就在网络空间的过度扩展和青少年选择决策行为的不成熟性之间、在网络空间权威建立的自由性和青少年自我认可的现实约束性之间、在网络空间对传统文化的冲击和青少年对神秘文化的追求心理之间构成了三对基本矛盾。如果没有正确的认识和引导，网络文化超出青少年的控制和把握的范围，必然会对他们尚未定型的判断产生影响，进而导致他们产生迷惘心理，从而削弱主流正规文化对他们的影响，甚至引导他们走向错误的道路。

第二，处于青春期的青少年尚不够成熟，由此导致他们缺乏自我保护意识。由于他们阅历尚浅，无论在观念上还是在言行方面都很天真幼稚，他们很容易把网络社会想象得非常完美与理想化，所以也更容易受到来自网上的伤害。大多数遭到网络诈骗或因网络受到伤害的青少年，都是缺乏自我保护意识的。例如，他们会偷偷跑去与网友见面却没有得到父母的同意或根本没有告诉父母；在聊天的时候把自己的全部信息告诉网友等。

（二）青少年的心理特点

1.性成熟的心理需要

青少年身体生长发育的第二个高峰期（从 11 岁到 18 岁）正是他们处于青春期的时候。随着身高、体重的迅速增加，性器官明显发育并出现第二性征，女孩初潮和男孩第一次遗精随之出现，这意味着青少年已进入性成熟期，此时他们的性意识迅猛觉醒，开始对异性产生好奇心和神秘感，有了接近异性、了解异性的愿望和需要，甚至对异性产生爱慕之情。他们开始探索和尝试相恋的奥秘和甜美。但是，学校和家长往往对青少年恋爱进行约束或下达禁令，经常会出现青少年对恋爱十分渴望，而不能付诸行动的矛盾。但是在网络上情况就大不相同了，网络的虚拟性所提供的隐蔽而安全的环境无疑为青少年驰骋自己的爱情幻想提供了良好的场所。

2.强烈的好奇心

处于青春期的青少年具有特别强的好奇心，他们对新奇事物有一种本能的接近和探究的渴望。网络世界是一个全新的世界，同时又是一个虚拟的世界，对青少年来说是十分新鲜而刺激的事物。例如，通过网络产生恋情的新的恋爱形式等，其本身就有较强的神秘性和吸引力，加上各种媒体对网恋或褒或贬的报道，更是激发了对爱情充满憧憬与渴望的青少年的好奇心和探究欲。青少年通常希望通过这种方式能把童话变为现实，美梦成真。在这种好奇心驱使下，许多青少年掉进了网恋这个由网络虚拟世界编织的美丽谎言的陷阱之中。

3. 交往的心理需要

友谊在每个青少年的成长中是必不可少的，青少年渴望友谊，渴望同龄人之间的理解与交流，而网络空间的无限性和沟通时间的连续性以及沟通内容的广博性、随意性，为他们创造了一个交往空间，同时，网络的匿名性、隐蔽性、无限制性给他们带来了交往的安全感，他们可以在网上充分展现自我，尽情宣泄，感受网络交友的乐趣。曾有青少年表示，尽管网络是虚拟的，但是他在网上却更敢于说实话，说出自己内心真实的感受，而且在网上可以认识更多的人，找到好朋友，上网还能放松自己。有些现实生活中性格内向或平时学习成绩不好而被同学排挤的学生，在网上没有了往日的拘谨与害羞，反而使他们发现自己其实很健谈，反应很敏捷，网络给了他们交友的信心。

随着与网友交往的不断深入，情感因素的掺杂也会越来越多。如果网友是一位能倾听自己的诉说，能理解、尊重自己的异性，随着交往时间的不断频繁，情窦初开，有着浪漫情结的青少年就会以为自己心中的"白马王子"或"白雪公主"终于通过网络来到了自己的身边。可见，网络在满足青少年交往的心理需要、释放心灵的同时，也留住了许多人的情感。

4. 升学压力下精神生活的贫乏

内容陈旧枯燥、更新缓慢的文化教育和单调压抑、竞争激烈的学校环境，无法为学生提供优质的交流空间，但学生潜在的成就感、旺盛的求知欲以及对成人社会的好奇和早日融入其中的渴望，使得他们无法承受单调乏味的现状，转而被具有快捷、多变、丰富、直观、交互、开放、自由、隐蔽等优势的充满魅力的网络所吸引。

（三）网络世界的实质

网络空间使现实与虚拟世界之间的界限变得模糊起来。互联网对个体心理的影响取决于网络空间这一特殊的虚拟情境的特征，即网络世界具有隐蔽性、开放性、自主性、兼容性。在网络这个虚拟社会中，个人的身份是虚拟的、随意的、假想的和多样的，于是现实生活中的道德准则和社会规范的约束力在网络中也被削弱或失效了，上网者可以创造虚拟的人物角色，获得某种权利和认同感，释放出某种被压抑的个性。

1. 兼容性

互联网信息资源的丰富程度是让人难以想象的，它包罗万象，不同来源的各种知识、消息、言论、观点、意见等兼收并蓄，为人们提供了巨大的资源库，其库存的资源良莠不齐，其中有许多不利于青少年成长的东西，如暴力、色情的网页和内容到处泛滥。

2. 开放性

网络是一个没有国界、没有地域限制的广阔的世界，信息流通不需要经过通关检验，也不受时空的限制，而且不限速度，不限容量，来去自由。在互联网中除少数以赢利为目的的商业网页外，绝大多数的网页是开放式的，人们可以自由自在地进行信息交流，"就像宇航员在太空失重环境中身体可向任何一个方向移动一样容易"。由于信息交流不受时空的限制，在这种情况下，教育者很难了解学生在网络中干了一些什么，以及他们受到哪些信息的影响，这就导致把握教育对象思想状态和日常行为难度的增加。

3. 虚拟性

网络使用者仅仅是在一个虚拟的网上世界遨游，在网络的虚拟社会中，个人的身份是虚拟的、随意的、假想的和多样的。青少年网上活动的最大特点在于虚拟性，虚拟状态为网上行为提供了安全屏障，也给非正当行为、不道德行为披上了漂亮的外衣，结果造成了网络社会非道德现象时有发生和虚假信息的不断泛滥。

在网络世界里，网络道德体系尚处于萌芽之中，因此，网络的弱规范性加上青少年自我约束力不足和道德自律意识不强，必然引发青少年网民有一种"特别自由"的感觉和"为所欲为"的冲动，可以做一些平时不可能做的事，如粗言恶语、人身攻击，"灌水"、网上多角恋等。互联网是相对自由、宽松的地方，但不等于不要伦理道德，而网络社会很难让青少年网民独善其身，也很难让青少年网民独慎其行。

4.学习环境的个性化

互联网上的信息资源极为丰富，为人们提供了巨大的选择空间。按照自己的兴趣、爱好和当前的学习情况，人们可以选择自己需要的信息资源，设计具有个性的网络生活环境。

这些原因是客观存在的，我们不能消除，但是我们却可以通过主观努力使其伤害的发生限制在最小的范围内。作为成人世界代表的父母、教师和相关人员，完全可以通过主观努力使网络对少年儿童的伤害最小化，我们的主观努力就是对孩子触网进行保护，这是我们对少年儿童的基本职责。而事实上，我们对孩子的上网保护并不乐观，甚至出现了责任的缺失和真空状态。

第三节　网络道德教育研究

对网络道德和网络道德失范行为的阐述，已经能够大致说明网络道德教育的重要性了，那么，下面就具体来了解一下网络道德教育。

一、什么是网络道德教育

网络道德教育，是指在局域网或广域网上开展一系列德育活动。这种活动必须围绕现代德育思想、德育目标和德育内容来开展，它与学校德育有着紧密的联系，是学校德育工作的延伸和补充，也是德育现代化的必然趋势。

二、对网络道德教育的错误理解

（一）网络道德教育的唯一对象就是青少年

儿童、成人，甚至部分老人也是网络使用群体的一部分，青少年并不是唯一的网络使用者，所以成年人尤其是家庭中成年上网者也是道德教育实施不可缺少的对象，也就是说青少年不是网络道德教育唯一的对象。

（二）片面地认为网络道德教育是单向教育

大多数教育者在实施网络道德教育时，往往没有跳出网络单一的空间，网络道德教育局限在网络中进行，过多地依赖"网络"这个虚拟的空间。

（三）认为网络是罪恶之源

不少人认为网络上花花绿绿、令人眼花缭乱的信息，尤其是一些黄色网站和色情垃圾迷惑了孩子的心灵，使青少年误入歧途。不少父母和教育者认为"网络是罪恶之首"。的确，网络信息暂无设限，存在着上述这些缺陷，但不能因此否定了网络上那些有用的丰富的知识及其对青少年的积极影响。

三、缺乏网络道德教育带来的弊端

（一）过度上网伤害青少年身体健康

有调查表明，很多青少年每天上网时间超过 2 小时，甚至更长，长时间上网接触计算机导致视力下降，眼睛灼痛、酸胀，引发视力疲劳。长时间的高度重复性动作影响肌肉的正常发育，甚至导致畸形。有的学生因此产生厌学，连续不断地上网聊天、玩游戏，几近疯狂，两眼痴呆，表情木讷，甚至因此疲劳过度。

（二）患网络综合征的人数在日益上升

在互联网上，由于是匿名上网，上网者不必遵守现实生活中的人际关系和角色扮演的规则，没必要履行现实生活中的义务，所以他们在网上从容、放松、海阔天空、随心所欲，但在现实生活中却不善言谈、沉默寡言，久而久之，逐渐对现实疏远、冷漠、不信任，正如精神病专家托尼诺所说："网上冲浪会逐渐地失去自我，改变个性。"所以，在这种环境下，上网者的猎奇心理和挑战自我的心理极度膨胀，导致网络价值观模糊，自律意识淡薄，随意放纵自己，从而导致大部分学生人格偏执、自恋、边缘化，多重人格冲突，极大影响了青少年的身心健康和成长。

（三）青少年容易误入歧途

有调查表明，大约有 14.9％的人经常访问一些带有色情、暴力的网站，约 26.6％的学生偶尔为之，58.5％的学生表示没有访问过。

基于这样的情况，不难想象，如果缺乏正确的引导，会导致青少年世界观、人生观、价值观受到冲击，容易误入歧途。青少年精力旺盛，接受新鲜事物速度快，网络信息内容包罗万象，其中很多非马克思主义的意识形态、政治制度、价值观念、文化思想充斥其间，对于思想尚未成熟的青少年来说，长期无限制地接触互联网，很容易受到非主流意识形态和文化的冲击。

面对鱼龙混杂的网络信息，虽然不少学生只是抱着"看一看不会对自己产生坏影响"的态度，但因自制力差和网络道德教育的相对落后，一些传统的道德标准和传统文化已越来越被当今的"网络现代人"所不以为然。在这种网络环境中成长起来的青年一代，让他们去承担起富国强民、实现民族伟大复兴的历史使命，不觉让人忧心忡忡。

（四）缺少管制导致学业困难

现实生活中不少同学因为沉迷网络，根本无心无力顾及学业，随意迟到、早退甚至旷课。白天上课昏昏欲睡，晚上上网彻夜不眠，不仅影响自己，还影响他人。青少年本是国家未来发展和建设的主力军，是社会主义现代化事业的接班人。青少年时期，是学习科学、掌握知识、蓄势待发的最好时机，却有很多青少年因为网络而导致学业一败涂地。

第四节　网络道德教育现状

网络道德的教育已经越来越受到人们的重视，但是它仍旧存在着许多问题，有待解决。

一、网络道德教育现状

（一）教育者认识模糊

网络社会的到来使思想活跃、对新事物充满好奇与幻想的青少年欢呼雀跃。同时青少年在网络社会中也出现了一些问题，如何对青少年这个庞大的网络使用群体加强网络道德教育，以应对网络社会给道德带来的诸多变化，应当引起每一位德育工作者的思考。

（二）教育者的观念老化

学校德育的最终目的在于价值的引导，在于帮助学生自主构建道德价值体系，形成完美的人格。面对网络的挑战，学校德育应当从德育目标出发，有针对性地重新设计德育内容，彻底更新道德教育观念，以适应全新的、变化中的教育环境。特别是在网络环境下，网络社会改变或影响了德育过程中各种构成因素之间的关系。

（三）教育者对网络道德教育不能准确把握

网络为新道德的产生奠定了物质基础，但广大的教育者并没有充分地熟悉网络道德呈现的新特点。由于道德的历史性的特点，所以网络道德既不能与传统道德彻底决裂，而应当包含着对传统道德中优秀部分的充分肯定和继承，又要直面和顺应社会变迁中对道德观念的不断"吐故纳新"的现实。这就要求网络道德教育既要体现历史的内在逻辑联系，又要强调现实性和历史性的和谐统一。

二、网络道德教育现状的改进途径

只有针对目前网络道德教育不理想的现状，采取切实有效的方法与途径，才能真正搞好网络道德教育。

第一，应抛弃"网络有害论"，消除"网络恐慌症"。更新教育观念，充分认识网络道德教育的重要性和网络在中学生成长过程中的重要作用。目前，许多教师不是积极地引导中学生利用好网络上的学习资源，而是消极地对上网行为加以劝阻和禁止；许多家长不敢给孩子买计算机，更不敢让他们上网。导致这些现象出现的重要原因就是，社会、家长和教师普遍存在着一种"网络有害论"，片面夸大青少年学生们在上网过程中潜在的负面影响，过度渲染网上有害信息给孩子带来的伤害，对报纸披露的典型案例感到过度焦虑。

针对这样的情况，我们更应当充分且正确地认识网络道德教育的重要性和网络在青少年学生成长过程中的重要作用。在面对青少年学生上网过程中所出现的各种问题，我们应以一种宽容、理解的心态，采取积极、有效的教育引导和防范措施，而不能紧张过度，一味进行苛责和惩罚，甚至取消孩子的上网资格。

第二，现有德育队伍的现代信息网络技术还相对缺乏，网上德育运作的机制明显滞后，效果并不是太好，所以应该尽快提高德育工作者的网络信息素养，培养高素质的网络德育队伍，增强网络德育力量。

第三，网络道德指网上活动和交往所需要的，用以调节网民与社会、网民与网民之间关系的一系列行为规范的总称。学校应重新定位德育目标，把网络道德教育与学生人格塑造、社会公德教育、法制教育、日常行为习惯养成教育等结合起来对青少年学生有计划、有步骤地开展网络道德教育一系列形式多样的教育教学活动，使青少年学生建立正确的网络道德观念，并且能自觉地用网络道德的要求来规范自己行为的教育活动。

　　第四，应当加强网络行为规范教育和心理辅导，引导道德自律。所谓道德自律，指的是网络文明最基本的首要的秩序要素。网络环境所要求的道德，是一种以"慎独"为特征的自律性道德。"慎独"即在个人独处之际，没有任何的外在监督和控制，也能遵从道德规范，恪守道德准则。只有上升到道德习惯和道德信念的高层次上的自律性道德，才能有效地规范个体的网络行为。学校要以思想、政治、道德、法纪和心理五大要素为支点，以网络的形式向青少年进行网络行为规范教育，引导青少年树立正确道德责任感，做到道德自律。

　　第五，建立和完善与网络社会相适应的法律法规，强化网络管理，优化网络文化环境。一方面规范全体网民的网上行为；另一方面对网上行为立法，借此保护青少年不被有害信息侵害。在管理方面，学校要建设一个规范、开放、理智的校园网络，学校和班级都要制定网络使用管理制度，对学生在校的上网等活动，定时检查他们的使用记录，发现学生问题及时矫正。此外，还应建立并完善联网计算机的管理制度，确保强化联网计算机的安全使用等等。管理部门应在技术上对网吧实行指导和监督，包括在计算机上安装无法卸载的绿色管理软件，设置一些限制条件，对青少年上网实行有效控制，以使学生远离暴力游戏、色情网站、不良信息的传播、污染影响。最后，家庭、学校、社会应共同承担起青少年网络教育与监护的义务，为青少年营造一个健康的网络社会环境。

第六，应对学生进行必要的约束。网络道德教育的重点应放在培养学生网络道德自律的思想与行为习惯上。但同时，也不能忽视外在的必要约束。在强调道德主体性的自律的同时，也要根据青少年网络道德素质的实际情况，有针对性地建立和完善网络道德的外在约束机制，实现网络道德素质教育的社会化。

首先，要制定比较完备的网络行为准则，使青少年的网络行为有章可循。这些制度包括《校园网文明公约》等。

其次，要建立和健全网络行为监督和管理机制，利用网络监控技术对登录校园网的学生进行登记，建立校园网络责任主体与其网络行为的有迹可循的对应关系，然后由学校派专人负责对学生不良的上网情况进行批评教育或给予相应的处罚。

最后，加强社会舆论引导。实践证明，许多事情的解决并非依靠法律手段，而是借助于舆论的力量。如果我们将网络犯罪防患于未然，这将是最为理想的效果。为此，社会媒体应该加强舆论方面的引导，用鲜活的案例教育人，使良好的网络道德意识逐步深入人心。社会各阶层人员应该主动加强自身修养，为网络道德素质的建设添砖加瓦。

第三章　网络安全防护

网络安全包括两个方面的问题：一是指计算机网络硬件本身的安全，比如计算机病毒的侵害；二是指计算机网络对青少年人格心理的污染和摧残。本章重点讨论前一方面的安全问题。

目前，网络上各种病毒、黑客的入侵为我们带来了诸多的麻烦，如文件的丢失、隐私的泄露、网络银行密码外泄等。网络安全防护变得至关重要。

第一节　网络安全概述

网络安全是指网络系统的硬件、软件及其系统中的数据受到保护，不因偶然的或者恶意的原因而遭受到破坏、更改、泄露，系统连续可靠正常地运行，网络服务不中断。网络安全从其本质上来讲就是网络上的信息安全。

一、网络安全的特征

（一）完整性

数据未经授权不能进行改变的特性。即信息在存储或传输过程中保持不被修改、不被破坏和丢失的特性。

（二）保密性

信息不泄露给非授权用户、实体或过程，或供其利用的特性。

（三）可用性

可被授权实体访问并按需求使用的特性。即当需要时能否存取所需的信息。例如，网络环境下拒绝服务、破坏网络和有关系统的正常运行等都属于对可用性的攻击。

（四）可审查性

出现安全问题时提供依据与手段。

（五）可控性

对信息的传播及内容具有控制能力。

二、网络安全类型

（一）运行系统安全

即保证信息处理和传输系统的安全。它侧重于保证系统正常运行，避免因为系统的崩溃和损坏而对系统存储、处理和传输的信息造成破坏和损失，避免由于电磁泄漏。产生信息泄露，干扰他人或受他人干扰。

（二）网络系统信息的安全

包括用户口令鉴别，用户存取权限控制，数据存取权限、方式控制，安全审计，安全问题跟踪，计算机病毒防治，数据加密等。

（三）网络信息的传播安全

即信息传播后果的安全。包括信息过滤等。它侧重于防止和控制非法、有害的信息进行传播后的后果。避免公用网络上大量自由传输的信息失控。

（四）网络信息的内容安全

它侧重于保护信息的保密性、真实性和完整性。避免攻击者利用系统的安全漏洞进行窃听、冒充、诈骗等有损于合法用户的行为。本质上是保护用户的利益和隐私。

三、网络安全误区

（一）没有连接其他网络，所以很安全

可以上网的独立机器，与一台商业网络中心的机器相比，所使用的网络协议仍然有一些甚至全部相同，而一台商业网络中心的机器还可能安装了公共防火墙或者有专门负责安全的人员。与此形成强烈对比的是，一些用于家庭、办公室、小公司的个人用机却是门户大开，完全没有防范入侵者的能力。这种威胁是很现实的：如果你使用了 Cable Modem 或是 DSL 连接上网，而且在网上的时间很长，一天里也许就会有 2—4 个入侵者企图攻击你。

（二）拨号上网很安全

若使用拨号上网，你使用的 IP 地址就会不同，也就是动态 IP，所以相比静态 IP 的用户而言，入侵者的确很难找到你，但是有一些入侵软件已经发展到可以在 1 个小时以内逐个扫描上万个 IP 地址的能力，所以只要入侵者使用了这些工具，即使是拨号上网的用户也可能受到攻击。

（三）用了防毒软件就安全了

一个好的病毒软件确实是在线安全不可或缺的部分，但是也是很小的一个部分。它能够通过检测病毒和类似的问题保护你，但是它们对防范入侵者与带有恶意的合法程序却无能为力。

（四）使用了防火墙就安全了

防火墙很有用处，但是如果你的机器总是采用一些不够安全的方式接收和发送数据，而你又仅仅依靠一些附加的程序提供安全，这就等于把所有的鸡蛋都放在一个篮子里，一旦防火墙软件出现 Bug 或者有漏洞，那你就很危险了。另外，防火墙对于病毒一类的软件完全没有防范能力，

尤其是那些带有恶意的、悄悄地向你的机器发送或提取数据的程序。

四、网络安全攻击的形式

网络安全攻击的形式主要有中断、修改、截获和伪造。

中断是以可用性作为攻击目标，它毁坏系统资源，使网络不可用。

修改是以完整性作为攻击目标，非授权用户不仅获得访问而且对数据进行修改。

截获是以保密性作为攻击目标，非授权用户通过某种手段获得对系统资源的访问。

伪造是以完整性作为攻击目标，非授权用户将伪造的数据插入到正常传输的数据中。

五、网络安全的一般解决方案

（一）部署入侵检测系统

衡量一个防御体系是否完整有效的一个重要因素就是入侵检测能力。完整而强大的入侵检测体系可以弥补防火墙相对静态防御的不足。对来自内部和外部网络的各种行为进行实时检测，及时发现各种可能的攻击企图，并采取相应的措施。

具体来讲，就是将入侵检测引擎接入中心交换机上。入侵检测系统集入侵检测、网络管理和网络监视功能于一身，能实时捕获内外网之间传输的所有数据，利用内置的攻击特征库，使用模式匹配和智能分析的方法，检测网络上发生的入侵行为和异常现象，并在数据库中记录有关事件，作为网络管理员事后分析的依据；如果情况严重，系统可以发出实时报警，使得网络管理员能够及时采取应对措施。

（二）定期进行漏洞扫描

采用漏洞扫描系统定期对工作站、服务器、交换机等进行安全检查，并根据检查结果向系统管理员提供详细可靠的安全性分析报告，是提高网络安全整体水平的重要依据。

（三）部署网络版杀毒产品

在整个局域网内杜绝病毒的感染、传播和发作是在网络防病毒方案中最终要达到的一个目的。为了能够实现这一点，应该在整个网络内对可能感染和可能传播病毒的地方采取相应的防病毒手段。同时为了有效、快捷地实施和管理整个网络的防病毒体系，应能实现远程安装、远程报警、智能升级、分布查杀、集中管理等多种功能。

第二节　警惕计算机病毒

案例

1998 年 11 月 2 日，一种病毒通过网络袭击了美国互联网络，不到两天便有 6000 多台联网的计算机被感染，整个网络一度瘫痪 24 小时，直接经济损失达 9600 万美元。这便是康奈尔大学 23 岁的研究生罗伯特·莫里斯研制的著名计算机病毒——蠕虫病毒。这种病毒进入系统后，在各种各样的文件核心部分的路径繁殖，它所到之处，都毫不客气地自行复制数百次。这种复制虽然不起直接的破坏作用，但由于病毒程序本身是一种废物，而它又能非常迅速地扩散，使得受感染的系统负载变得越来越大，以致不可承受。莫里斯由此而最终被判刑 3 年、罚款 1000 美元、400 小时无偿公益劳动。

2003 年 8 月，一名 18 岁的美国少年制造出了一种叫做"冲击波"的计算机病毒。这种病毒利用微软 RPC 漏洞进行传播，攻击了全球 80% 的 Windows 用户，导致他们的计算机无法正常工作。这名少年已经被警察抓获，并被送上了法庭。

其他著名的病毒还有"黑色星期五"、"爱虫"、"震荡波"等。目前，每天都有计算机病毒混进网络世界，对互联网造成了极为严重的破坏。

病毒是一个十分令人头痛的安全隐患，也是一种十分常见的网络危害。病毒的种类很多，不同种类的病毒也各有特点。但无论是哪种病毒，都会严重影响计算机运行，对我们学习、办公、社会发展都有着较大的负面作用。病毒通过网络来传播，对青少年上网造成威胁，所以我们要学习相关的知识，与病毒作斗争。

一、计算机病毒的概念

病毒是指"编制或者在计算机程序中插入的破坏计算机功能或者破坏数据，影响计算机使用并且能够自我复制的一组计算机指令或者程序代码"。而在一般教科书及通用资料中被定义为利用计算机软件与硬件的缺陷，破坏计算机数据并影响计算机正常工作的一组指令集或程序代码。

计算机病毒大多是认为故意制造出来的，当其蔓延开来，有时往往连编程者自己都无法控制。计算机病毒具有独特的复制能力，能够很快地蔓延，且常常难以根除。它们能把自己附着在各种类型的文件上。当文件被复制到另一个用户的计算机上，病毒也就随之蔓延开。如今，计算机病毒已经不是一个简单的纯计算机学术问题，而是一个严重的社会问题了。

计算机病毒是一个能够不断地感染和传播的程序。感染就是指病毒嵌入到指令序列中，导致合法程序的操作与病毒程序共同执行，或者病毒程序取而代之。病毒能够破坏计算机的应用软件，能够修改计算机的注册表，甚至能够毁坏计算机的主板，使计算机陷于瘫痪。当然，并不是所有窃取数据和所有破坏程序的都是病毒。另外，有些病毒并没有以上所述的毁坏功能，而只是自我复制，占用磁盘空间。既然病毒是程序，那么就有软件能够识别并清除它；而且通过计算机进行格盘或者重装系统，病毒也同样能够被清除掉。

二、计算机病毒的特点

计算机病毒具有以下几个特点：

（一）寄生性

计算机病毒寄生在其他程序之中，在未启动这个程序之前，它是不易被人发觉的，而当执行这个程序时，病毒就起破坏作用。

（二）传染性

传染性是病毒的基本特征。计算机病毒不但本身具有破坏性，更令人头痛的是，它具有传染性。一旦病毒被复制或产生变种，其速度之快令人难以预料。

从病毒传播的角度来看，计算机病毒与生物界的病毒有相似的方面，也会通过各种渠道从已被感染的计算机扩散到未被感染的计算机，在某些情况下造成被感染的计算机工作失常甚至瘫痪。但是计算机病毒并不是一种物理存在，计算机病毒是一段人为编制的计算机程序代码，这段程序代码一旦进入计算机并得以执行，它就会搜寻其他符合其传染条件的程序或存储介质，确定目标后再将自身代码插入其中，达到自我繁殖的目的。如不及时处理，只要一台计算机染毒，那么病毒会在这台机子上迅速扩散，其中的大量文件（一般是可执行文件）会被感染。而被感染的文件又成了新的传染源，再与其他机器进行数据交换或通过网络接触，病毒会继续进行传染。

正常的计算机程序一般是不会将自身的代码强行连接到其他程序之上的，而病毒却正好相反，它能使自身的代码强行传染到一切符合其传染条件的未受到传染的程序之上。计算机病毒可通过各种可能的渠道，如通过软盘、U 盘、计算机网络等渠道去传染其他的计算机。当在一台机器上发现了病毒时，往往曾在这台计算机上用过的软盘或 U 盘也已经感染上了病毒，而与这台机器相联网的其他计算机也许也被该病毒染上了。

（三）隐蔽性

计算机病毒具有很强的隐蔽性，有的可以通过病毒软件检查出来，有的根本就查不出来，有的时隐时现、变化无常，这类病毒处理起来通常很困难。

（四）潜伏性

有些病毒使计算机感染上病毒后如果再感染上不会立刻有反应，如同一个定时炸弹，让它什么时间发作是可以预先设计好的。比如"风靡一时"的"黑色星期五"病毒，不到预定时间不会觉察出来，等到条件具备的时候一下子就爆炸开来，对系统进行破坏。

一个编制精巧的计算机病毒程序，进入系统之后一般不会马上发作，可以在几周或者几个月内甚至几年内隐藏在合法文件中，对其他系统进行传染，而不被人发现，潜伏性愈好，其在系统中的存在时间就会愈长，病毒的传染范围就会愈大。

病毒潜伏性有两种表现形式：一是病毒程序不用专用检测程序是检查不出来的，因此，病毒可以静静地躲在磁盘或磁带里待上几天，甚至几年，一旦时机成熟，就会四处繁殖、扩散，继续为害。二是计算机病毒的内部往往有一种触发机制，不满足触发条件时，计算机病毒除了传染外不做什么破坏。触发条件一旦得到满足，有的在屏幕上显示信息、图形或特殊标识，有的则执行破坏系统的操作，如格式化磁盘、删除磁盘文件、对数据文件做加密、封锁键盘以及使系统死锁等。

（五）破坏性

计算机中毒后，可能会导致正常的程序无法运行，把计算机内的文件删除或受到不同程度的损坏。通常表现为增、删、改、移。

（六）可触发性

可触发性是指病毒因某个事件或数值的出现，诱使病毒实施感染或进行攻击的特性。为了隐蔽自己，病毒必须潜伏，少做动作。但是如果完全不动，一直潜伏的话，病毒既不能感染也不能进行破坏，便失去了杀伤力。所以病毒如果既要隐蔽又要维持杀伤力，就必须具有可触发性。病毒的触发机制就是用来控制感染和破坏动作的频率。病毒具有预定的触发条件，这些条件可能是时间、日期、文件类型或某些特定数据等。病毒运行时，触发机制检查预定条件是否满足，如果不满足，使病毒继续潜伏；如果满足，启动感染或破坏动作，使病毒进行感染或攻击。

（七）衍生性

所谓病毒的衍生性，是指病毒可以有很多种变种，也就是说病毒制造者可以仅仅修改原病毒的一段程序，立刻就能够生成一个新的病毒。病毒的这种特性为一些好事者提供了一种创造新病毒的捷径。衍生出来的不同于原版本的新的计算机病毒，可以称之为变种病毒。这种变种病毒造成的后果很有可能比原版病毒严重得多。

众所周知，计算机杀毒软件杀毒原理就是通过和自己病毒库中的病毒种类比较，识别病毒然后将其清除，也就是说当有了新的病毒生成，杀毒软件的病毒库就需要更新才能够清除该病毒，而病毒不断地生成，杀毒软件就要不断地更新，以对付各种各样新的病毒。但是，由于病毒的这种衍生性，制造新的病毒是十分容易的，而每扩张一次病毒库成本是很高的，所以病毒的衍生性也非常令人头疼。

（八）针对性

所谓针对性，就是指计算机病毒针对特定的计算机和特定的操作系统的，就像很多一般的软件需要有操作系统支持一样，病毒程序也有它所要求的操作系统支持。所谓操作系统支持，就是指平时从网上下载软件时，常常看到介绍说该软件适合以下操作界面：Windows 98、Windows 2000、Windows NT、Windows XP，等等。因为不同的操作系统有不同的支持插件，所以，有些软件就不能在已过时的操作系统里应用，这就像有些精致的图像不能在淘汰的计算机上播放一样。病毒程序首先要有能运行的界面，同时，病毒还能够针对某一种具体的操作系统进行攻击，或者针对某一种具体的软件进行攻击。

（九）欺骗性

计算机病毒行动诡秘，计算机及其用户对其反应迟钝，往往把病毒造成的错误当成事实接受下来。有些病毒在运行时，计算机不能识别，有时甚至连杀毒软件也不能识别。一些心细的用户一旦发现计算机有异常现象，便立刻怀疑是病毒。这种做法有利也有弊，弊端体现在用户自己搞得很紧张，即使不是病毒，也对自己大胆使用计算机造成心理阴影。利端表现为计算机能够得到很好的保护。但是，用户判断是否有病毒主要通过杀毒软件进行，而杀毒软件往往对一些新的病毒不能识别。用户用杀毒软件扫描一遍计算机后没有发现病毒，往往就认为绝对安全了，其实也许所用的杀毒软件没有升级。这就是计算机病毒的欺骗性。

（十）持久性

所谓持久性，就是指即使在病毒程序被发现以后，数据和程序移植操作系统恢复都非常困难。特别是在网络操作情况下，由于病毒程序有一个受感染的拷贝通过网络反复传播，让病毒程序的清除变得十分复杂。

三、计算机病毒的种类

计算机病毒可以根据下面的属性进行分类：

（一）按照计算机病毒传染的方法进行分类

根据病毒传染的方法可分为驻留型病毒和非驻留型病毒。

驻留型病毒感染计算机后，把自身的内存驻留部分放在内存（RAM）中，这一部分程序挂接系统调用并合并到操作系统中去，它处于激活状态，一直到关机或重新启动。非驻留型病毒在得到机会激活时并不感染计算机内存，一些病毒在内存中留有小部分，但是并不通过这一部分进行传染，这类病毒也被划分为非驻留型病毒。

（二）按照计算机病毒的破坏力分类

1.无害型

除了传染时减少磁盘的可用空间外，对系统没有其他影响。

2.无危险型

这类病毒仅仅是减少内存、显示图像、发出声音及同类音响。

3.危险型

这类病毒会使计算机在系统操作中造成严重的错误。

4.非常危险型

顾名思义，这类病毒对计算机的破坏力较强，它们会删除程序、破坏数据、清除系统内存区和操作系统中重要的信息。这些病毒对系统造成的危害，并不是本身的算法中存在危险的调用，而是当它们传染时会引起无法预料的和灾难性的破坏。

（三）根据病毒特有的算法分类

1.伴随型病毒

这一类病毒并不改变文件本身，它们根据算法产生 EXE 文件的伴随体，具有同样的名字和不同的扩展名（COM）。病毒把自身写入 COM 文件，并不改变 EXE 文件，当 DOS 加载文件时，伴随体优先被执行，再由伴随体加载执行原来的 EXE 文件。

2.诡秘型病毒

它们一般不直接修改 DOS 中断和扇区数据，而是通过设备技术和文件缓冲区等 DOS 内部修改，不易看到资源，使用比较高级的技术。利用 DOS 空闲的数据区进行工作。

3.蠕虫型病毒

这类病毒通过计算机网络传播，不改变文件和资料信息，利用网络从一台机器的内存传播到其他机器的内存、计算网络地址，将自身的病毒通过网络发送。有时它们在系统中存在，一般除了内存不占用其他资源。

4.寄生型病毒

除了伴随和蠕虫型，其他病毒均可称为寄生型病毒，它们依附在系统的引导扇区或文件中，通过系统的功能进行传播，按其算法不同可分为练习型病毒和变型病毒（又称幽灵病毒）。

（1）练习型病毒，病毒自身包含错误，不能进行很好的传播，例如一些病毒在调试阶段。

（2）变型病毒，是使用一个复杂的算法，使自己每传播一份都具有不同的内容和长度。它们一般的做法是一段混有无关指令的解码算法和被变化过的病毒体组成。

（四）根据传播媒介分类

按照病毒的传播媒介来分类，可分为单机病毒和网络病毒。

单机病毒主要是感染计算机主机，一般通过光盘或磁盘来传播；网络病毒指的就是通过网络来传播的病毒，这种病毒是网络时代最常见的病毒，也是杀毒软件最难识别和清除的一种。

1.单机病毒

单机病毒的载体一般为磁盘或 U 盘等移动存储设备。常见的是病毒从软盘、U 盘传入硬盘，感染系统，然后再感染其他的软盘、U 盘，继而传染给其他系统。这种病毒在计算机系统内部的传播速度非常快，但是却较好识别，所以一般当一张带有病毒的磁盘或 U 盘插入计算机中时，立刻就能够被杀毒软件识别出来并清除掉。防止单机病毒进入计算机最好的办法就是在插入磁盘或 U 盘后，先用杀毒软件查杀一次，确认没有病毒再打开。

2.网络病毒

网络病毒的危害非常大，它的传播媒介不再是移动式的存储载体，而是通过网络通道。这种病毒的传染能力更强、速度更快、破坏力更大。

当用户点击到一个带有病毒的网站时，当用户还没有来得及反应，病毒已经感染到计算机上了，而且防火墙和杀毒软件对这些新的变种病毒常常无能为力。

感染病毒的计算机通常有两种表现形式：一是使计算机系统出问题，例如"冲击波"病毒，就会使计算机操作系统瘫痪；二是上网时计算机出现问题，如病毒破坏了 IE 浏览器，使用户的主页固定在那个感染病毒的网页上，用户每一次打开 IE 浏览器，就会自动连接到病毒网站上，继续感染病毒，而且用户自己无法将主页恢复成原来的那个，甚至有些 IE 助手和杀毒软件也没有办法。因为厉害的病毒可能修改了注册表，甚至破坏了 IE 浏览器的某个重要文件或彻底删除了。所以网络病毒十分可怕，也最为猖獗。

四、计算机病毒的危害

计算机病毒不仅危害普通用户，还危害着各种企业和银行，严重的甚至会危害国家安全。大家都知道，用户对计算机的运行速度要求越来越高，但是计算机病毒却让计算机"步履蹒跚"，或是频繁死机。企业的管理或财务信息以及银行的所有账目都用计算机的数据库保存着，一旦计算机感染了病毒，这些宝贵的数据就很有可能丢失，其后果不堪设想。而与国家安全问题有关的数据就更加宝贵了。下面具体看看计算机病毒有哪些危害。

（一）抢占系统资源

这是计算机病毒最普遍的危害。大多数的病毒在动态下都是常驻内存的，这就必然会抢占一部分系统资源。病毒所占用的基本内存长度大致与病毒本身长度相近。病毒的抢占导致内存减少，一部分软件不能运行。

除了占用内存外，病毒还会抢占中断、干扰系统运行。计算机操作系统的很多功能是通过中断调用技术来实现的。病毒为了传染激发，总是修改一些有关的中断地址，在影响中断过程中加入病毒的"私货"，从而起到干扰系统正常运行的作用。

（二）影响计算机的运行速度

病毒进驻内存后不但不干扰系统运行，还影响计算机的速度，其主要表现有以下几种：

第一，有些病毒具有自我保护功能，为了保护自己，不但对磁盘上的静态病毒加密，而且进驻内存后的动态病毒也处于加密状态，CPU 每次寻址到病毒处时都要运行一端解密程序，把加密的病毒解密成合法的 CPU 指令再执行；而且病毒运行结束时再用一段程序对病毒重新加密。这样 CPU 要额外执行数千条甚至上万条指令。

第二，病毒在进行传染时同样要插入非法的额外操作，特别是传染软盘时不但计算机速度明显变慢，而且软盘正常的读写顺序被打乱，发出刺耳的噪声。

第三，病毒为了判断传染激发条件，总要对计算机的工作状态进行监视，这相对于计算机的正常运行状态来说既多余又有害。当病毒在运行监视计算机功能时，占用内存和 CPU，就像杀毒软件扫描过程一样，使计算机运转速度降低。

（三）破坏计算机的信息数据

大部分病毒在激发的时候直接破坏计算机的重要信息数据，所利用的手段有格式化磁盘、改写文件分配表和目录区、删除重要文件或者用无意义的"垃圾"数据改写文件，等等。

病毒对计算机数据信息的破坏是计算机病毒危害中最大的几种之一，计算机的数据被破坏之后，原程序不仅不能够运行，也不能恢复，而且在清除病毒的时候也非常麻烦。数据一旦被破坏，将很难修复回原数据，除非使用非常高级的修复软件或者重新装一次系统。

（四）计算机病毒错误及其不可预见的危害

病毒的无责任性是计算机病毒与其他计算机软件的一大差别。一般情况下，编制一个完善的计算机软件需要耗费大量的人力、物力，经过长时间调试完善，软件才能推出。但是病毒编制者认为没有必要这样做，他们也不可能这样做，这就导致很多计算机病毒都是制造者在一台计算机上匆匆编制调试后就向外抛出的。所以反病毒专家在分析大量病毒后发现绝大部分病毒都存在不同程度的错误。错误病毒的另一个主要来源是变种病毒。还有一些计算机初学者根本不具备独立编制软件的能力，但是出于好奇或其他原因，他们修改别人的病毒，结果造成了错误。

计算机病毒错误所产生的后果往往是不可预见的，例如，反病毒工作者曾经详细指出"黑色星期五"病毒存在 9 处错误、"乒乓"病毒有 5 处错误等。但是人们不可能花费大量时间去分析数万种病毒的错误所在。大量含有未知错误的病毒扩散传播，其后果是难以预料的。

（五）占用磁盘空间和破坏信息

寄生在磁盘上的病毒总要非法占用一部分磁盘空间，但是不同类型的病毒其侵占的方式也有所区别。

文件型病毒是利用一些 DOS 功能进行传染的，这些 DOS 功能能够检测出磁盘的未用空间，把病毒的传染部分写到磁盘的未用部分去。所以在传染过程中一般不破坏磁盘上的原有数据，但非法侵占了磁盘空间。尽管病毒一般是很短的程序，往往寄存在文件空隙中，所以病毒本身不会占用太多空间，但一些文件型病毒传染速度很快，在短时间内感染大量文件，每个文件都不同程度地加长了，而且使这些文件都带上病毒，这就造成了磁盘空间的严重浪费。

引导型病毒的一般侵占方式是由病毒本身占据磁盘引导扇区，而把原来的引导区转移到其他扇区，也就是引导型病毒要覆盖一个磁盘扇区。被覆盖的扇区数据永久性丢失，无法恢复。

（六）计算机病毒的兼容性会影响系统的运行

兼容性简单来说就是有些软件不能在某种操作系统下运行，有些软件指出只能在某些操作系统下运行，例如，有些格式的音乐不能用 Windows media player 播放，等等，就是因为软件和文件兼容性的原因。可以说，兼容性是计算机软件的一项重要指标，兼容性好的软件可以在各种计算机环境下运行；反之，兼容性差的软件则对运行条件要求很高，要求机型和操作系统版本等。在普通的软件或者文件里，如果系统不能兼容，则计算机会提示不能运行或者不能播放。但是病毒则不同，在不兼容的环境下，病毒不是自己不能运行，而是能够导致系统瘫痪。另外，编制病毒者不会在多个计算机环境下对病毒进行测试，所以病毒的兼容性一般都较差，常常导致计算机死机，这对整个计算机的软、硬件都有损伤。

（七）给用户造成严重的心理压力

除了对计算机本身造成破坏，它还能够令使用者产生心理负担，总是怀疑自己的计算机中了病毒。据有关计算机销售部门统计，计算机用户怀疑"计算机有病毒"而提出咨询的占售后服务工作量的 60% 以上。经检测确实存在病毒的约占 70%，另有 30% 只是用户怀疑，而实际上计算机并没有病毒。

造成如此多的用户怀疑自己的计算机"中毒"的理由，多半是出现诸如计算机死机、软件运行异常等现象。计算机病毒的确有可能造成这些现象，但并不是只有病毒才会导致这些现象出现，实际上在计算机工作"异常"的时候很难要求一位普通用户去准确判断是否是病毒所为。不过，在遇到这类情况时，大多数用户对病毒采取宁可信其有的态度，这对于保护计算机安全无疑是十分必要的，然而往往要付出时间、金钱等方面的代价。例如，仅仅怀疑病毒而贸然格式化磁盘会带来难以弥补的巨大损失。这一现象不仅出现在个人单机用户身上，在一些大型网络系统中也难免为甄别病毒而停机。总之，计算机病毒像"幽灵"一样笼罩在广大计算机用户心头，给人们造成巨大的心理压力，极大地影响了现代计算机的使用效率，由此带来的无形损失是难以估量的。

五、计算机病毒的清除与预防

（一）病毒的清除与系统修复

当检测到病毒后，就要想办法将其清除。目前清除病毒都是在先进的杀毒软件的帮助下自动清除的，然而有些时候，还是需要人为操作的。这是因为杀毒软件级别不够或是由于计算机感染病毒后，再安装杀毒软件就无法彻底清除病毒了。病毒一旦发挥作用，就会限制杀毒软件和其他应用软件的运行，导致杀毒软件不能正常工作。同时，从操作系统的观点上看，病毒的行为使一些不正常的行为变得合法化而被允许。所以，在杀毒软件查杀病毒时，往往会因为操作系统的阻挠——"文件被系统占用不能更改"、"病毒代码在系统的解释器中运行"等原因，而不能将病毒清除干净。所以，在杀毒病毒时也要讲究技巧，绕过操作系统的阻挠，从而成功地将病毒从系统中清除干净，这就要求用户掌握彻底清除病毒的技术。

Windows 各个版本的操作系统都有一个安全模式运行方式，在这个方式下只能运行最基本的程序。在安全模式中，取消所有的自启动项目，终止不必要系统进程和服务，就能够绕过操作系统的阻挠，避免病毒运行。"安全模式"的专杀工具短小精悍，能够在这一模式下正常运行，而在安全模式下病毒不能运行，这样可以防止病毒对杀毒软件的干扰。因此，此时使用专杀工具来杀毒就能产生干净杀毒的效果。但是它也有一定的缺点，就是只能针对一些比较流行的病毒，不能全面杀毒。

（二）病毒的预防

病毒的预防比起杀毒来说更加重要，当计算机感染上了病毒，不仅带来损失，清除起来也十分困难，还会为用户造成心理阴影。那么青少年在上网时要如何防患于未然呢？

1.树立牢固的预防计算机病毒的思想

预防病毒的关键就是要在思想上给予足够的重视。要从加强管理入手，制定出切实可行的管理措施。由于计算机病毒的主动攻击性和隐蔽性，要杜绝病毒的传染，在目前的计算机系统总体环境下，特别是针对网络系统和开放式系统而言，几乎是不可能的。因此预防为主，制定出一系列安全措施，可大大降低病毒的传染，而且就算受到了传染，也可以立即采取有效措施将其清除。只要青少年有牢固的防病毒意识，不让来源不明的软件进入计算机，不乱点击网页，就能够达到预防病毒的目的。

2.堵塞病毒传播途径

定期进行病毒检测工作，最好在计算机中安装具有动态预防病毒入侵功能的系统，既可将病毒的入侵率降低到最低的限度，同时也可将病毒造成的危害减到最小。具体的做法是，用户最好能够在计算机上面安装最新的杀毒软件，定期升级，再申请一个安全的防火墙，设置为"每当有新的文件进入，就先清扫检测一次"，这样就能够最大限度地保障自己的计算机安全。

3.从技术角度预防病毒入侵

计算机病毒预防就是要在病毒还没有侵入或者刚刚入侵时就拦截、阻止其进入计算机，目前在预防病毒工具中采用的技术主要有如下几个方面：

（1）将大量的杀毒软件汇集一体，检查是否存在已知的病毒，例如，可以在开机时或者执行每一个执行文件前执行扫描程序，但是这种工具也存在缺点，就是对变种或未知病毒无效；杀毒程序常驻内存，每次扫描都要花费一定时间，已知病毒越多，扫描时间越长。

（2）检测一些病毒经常要改变的系统信息，如引导区、中断向量表、可用内存空间等，以确定是否存在病毒，但其缺点是无法准确识别正常程序与病毒程序的行为而常常报警，频繁的错误报警会使使用者对病毒失去戒心。

（3）监测写盘操作，对引导区 BR 或主引导区 MBR 的写操作报警。如果有一个程序对可执行文件进行写操作，就认为可能是病毒，阻击其写操作，并报警。其缺点是一些正常程序与病毒程序同样有写操作，因此容易误报警。

（4）对计算机系统中的文件形成一个密码校验码和实现对程序完整性的验证，在程序执行前或定期对程序进行密码校验，如有不匹配现象立即报警。这种方式易于早些发现病毒，对已知的和未知的病毒都有防止和抑制能力。

（5）智能型判断。设计病毒行为过程判定知识库，应用人工智能技术，有效区分正常程度与病毒程序行为，是否误报警取决于知识库选取的合理性。这种类型的缺点是单一的知识库无法覆盖所有的病毒行为，例如会漏报不驻留内存的新病毒。

第三节　与黑客作斗争

案例

1998年2月，美国五角大楼的局势情报网连续两周遭到神秘黑客的入侵。黑客袭击了"高度组织化和系统化"。他们溜进4个海军系统和7个空军系统的网页，盗走了美国国防部军用卫星的绝密资料，网上有后勤、行政和财务方面的信息。浏览完这些信息后，他们又在网络里安插了一个名为"trapdoors"的进入平台，通过它，他们就可以进出自由了。

这次黑客入侵激怒了五角大楼，这是他们迄今为止发现的最有组织的网络入侵事件。五角大楼和联邦调查局发誓，一定要查出这些胆大妄为的计算机黑客，给他们点颜色瞧瞧。

原本美国可以立即封堵网络系统的漏洞，但他们决定冒一次险，"投下鱼饵，等待大鱼上钩"，让"活动天窗"继续敞开着，并且连续敞开了

6个星期。

在这6个星期中，20多名联邦调查局特工和计算机专家全天候地密切监视着黑客们在网络上留下的痕迹。这些痕迹清晰地显示：他们最喜欢光顾的地方就是美国政府、军队、国家图书馆、大学实验室的计算机网络。经过连续几个星期的跟踪调查，终于找到了他们的位置。

当警察和特工们冲进包围了几个小时的房间时，都惊呆了，出现在他们眼前的竟然是两个眉清目秀的少年，他们的年纪不过十五六岁。这两个小家伙正在计算机前忙着入侵五角大楼的计算机网络，见到忽然冲进来的警察和特工们，吓得脸色发白，浑身发抖。特工们将两个孩子逮捕。计算机专家立刻对其计算机进行了检索，查到了许多美国重要部门的原始文件，还有一些从五角大楼网络下载的文件资料的磁盘和记录。

尽管这场追捕黑客的战斗取胜的是联邦调查局，但他们始终认为，在两个少年的背后一定有一个没有露面的黑手。一定是一个高级计算机专家向这两个少年提供了入侵计算机网络的工具和技术指导。事实确实如此。不久之后，那位幕后"导师"便按捺不住，给美国《连线》杂志打了电话，自称是"分析家"，愿意接受该杂志的采访。两天后，"分析家"在网上对杂志记者透露了他的基本情况，声称他掌握了40多个进入美国官方非机密网络的途径，并且说自己能够进入并涂改网页，为了证明真实性，他还把进入网络的密码告诉了杂志记者。

一个星期后，军方获得了消息，4名FBI特工带着有关资料抵达以色列，在以色列官方的帮助下，逮捕了这位自命不凡的"分析家"———一位18岁的以色列少年。

计算机黑客是威胁计算机的又一个安全隐患。现在"黑客"一词已被用于泛指那些专门利用计算机搞破坏或恶作剧的家伙。

一、什么是黑客

"黑客"一词是由英语Hacker英译出来的，是指专门研究、发现计算机和网络漏洞的计算机爱好者。他们伴随着计算机和网络的发展而产生成长。黑客对计算机有着狂热的兴趣和执著的追求，他们不断地研究计算机和网络知识，发现计算机和网络中存在的漏洞，喜欢挑战高难度的网络系统并从中找到漏洞，然后向管理员提出解决和修补漏洞的方法。

黑客不干涉政治，不受政治利用，他们的出现推动了计算机和网络的发展与完善。黑客所做的不是恶意破坏，他们是一群纵横于网络中的大侠，追求共享、免费，提倡自由、平等。黑客的存在是由于计算机技术的不健全，从某种意义上来讲，计算机的安全需要更多黑客去维护，即"黑客存在的意义就是使网络变得日益安全完善"。

但是，到了今天，"黑客"一词已经被用于那些专门利用计算机进行破坏或入侵他人的代言词，对这些人正确的叫法应该是 cracker，有人也翻译成"骇客"。也正是由于这些人的出现玷污了"黑客"一词，使人们把黑客和骇客混为一体，黑客被人们认为是在网络上进行破坏的人。

一个黑客即使从意识和技术水平上已经达到黑客水平，也绝不会声称自己是一名黑客，因为黑客只有大家推认的，没有自封的，他们重视技术，更重视思想和品质。

二、黑客的主要行为

黑客可以分为两个派系，一是"正派"，他们依靠自己掌握的知识帮助系统管理员找出系统中的漏洞并加以完善；二是"邪派"，他们通过各种黑客技能对系统进行攻击、入侵或者做其他一些有害于网络的事情，所以他们也可以被称为骇客。

黑客的主要行为有以下几种：

（一）学习技术

互联网上的新技术一旦出现，黑客就必须立刻学习，并用最短的时间掌握这项技术，这里所说的掌握并不是一般的了解，而是阅读有关的"协议"、深入了解此技术的机理。黑客一旦停止学习，仅仅依靠其以前掌握的内容,那么他的"黑客"身份维持不过一年。

(二)发现漏洞

对黑客来说,漏洞是最重要的信息,黑客要经常学习并研究其他黑客发现的漏洞,并努力自己寻找未知漏洞,并从各式各样的漏洞中寻找有价值的、可被利用的漏洞进行试验,当然他们最终的目的是通过漏洞进行破坏或者修补这个漏洞。

黑客对寻找漏洞的执著是常人难以想象的,他们的口号说"打破权威",从一次又一次的黑客实践中,黑客也用自己的实际行动向世人印证了这一点——世界上没有"不存在漏洞"的程序。在黑客眼中,所谓的"天衣无缝"不过是"没有找到"而已。

(三)伪装自己

黑客入侵过程中,他的一举一动都会被服务器记录下来,所以黑客们必须想办法隐藏这些痕迹,并必须伪装自己,使得对方无法辨别其真实身份,这就要求黑客必须有熟练的技巧用来伪装自己的 IP 地址、使用跳板逃避跟踪、清理记录扰乱对方线索、巧妙躲开防火墙等。

(四)利用漏洞

对于正派黑客来说,漏洞要被修补;对于邪派黑客来说,漏洞要用来搞破坏。而他们的基本前提是"利用漏洞",黑客利用漏洞可以做下面的事情:

1. 获得系统信息

有些漏洞可以泄漏系统信息,暴露敏感资料,从而进一步入侵系统。

2. 入侵系统

通过漏洞进入系统内部,或取得服务器上的内部资料、或完全掌管服务器。

3. 寻找下一个目标

一个胜利意味着下一个目标的出现,黑客应该充分利用自己已经掌管的服务器作为工具，寻找并入侵下一个系统。

4. 做些有益的事情

正派黑客在完成上面的工作后，就会修复漏洞或者通知系统管理员，做出一些维护网络安全的事情。

5. 做一些不好的事情

邪派黑客在完成上面的工作后，会判断服务器是否还有利用价值。如果有利用价值，他们会在服务器上植入木马或者后门，便于下一次来访；而对没有利用价值的服务器他们决不留情，系统崩溃会让他们感到无限的快感。

三、黑客的心理

黑客们认为自己是那种解决问题并且创造新东西的人。他们认为自己不是那种专门干坏事的人，只有骇客才是那种人。所以，黑客们也反对把骇客同自己归于相同的一个范畴。

在黑客的世界里，大家愿意互相帮助，他们认为这个世界上没有一个问题需要重复地解决，同时也充满着迷人的东西。尽管黑客们的技术已经非常高了，但他们对自己的要求仍然十分严格。黑客认为自己并不是那种无事生非的人，也不是一个无聊的人。他们虽然追求自由，但是他们也很尊重那些技术更高的人。在他们的头脑中，计算机就像是一个神圣的指标，谁的技术高，谁就会受到尊敬。

黑客们的这些想法，和他们的实际情况有关。黑客们每天都在和计算机打交道，每天都在研究计算机技术。他们是那种高技术的知识分子，同时他们也很自负，这也就是黑客非常容易转变为骇客，成为对社会有危害的人群的原因之一。由此可见，骇客的来源就是黑客。此外，黑客转变为骇客更主要的原因是利用计算机技术获取重要资料不仅能够挣到许多钱，还能够使自己声名远扬。所以，很多黑客经不住诱惑，将自己的高超技术用于非法活动。

四、如何抵御黑客来袭

我们常用的抵御黑客攻击的一般方法有设置防火墙、使用加密技术和安装入侵检测系统三种方式。

（一）设置防火墙

防火墙是比较常用的防止黑客入侵计算机的工具。目前防火墙的种类非常多，但是其工作原理都很相似。下面就具体介绍一下什么是防火墙以及防火墙的作用和工作原理。

1. 防火墙的概念

防火墙是一个或一组能增强机构内部网络安全性的系统，它在网络之间执行访问控制策略。

防火墙系统能够决定哪些内部服务可以被外界访问；外界的哪些人可以访问内部的哪些服务，以及哪些外部服务可以被内部人员访问。要使一个防火墙有效，所有来自和去往互联网的信息都必须经过防火墙，接受防火墙的检查。防火墙只允许授权的数据通过，并且防火墙本身也必须能够免于渗透。

2. 防火墙的作用

防火墙允许网络管理员定义一个中心"扼制点"来防止非法用户，比如防止黑客、网络破坏者等进入内部网络。禁止存在安全脆弱性的服务进出网络，并抗击来自各种路线的攻击。防火墙能够简化安全管理，网络的安全性是在防火墙系统上得到加固，而不是分布在内部网络的所有主机上。

在防火墙上可以很方便的监视网络的安全性，并产生报警。网络管理员必须审计并记录所有通过防火墙的重要信息。如果网络管理员不能及时响应报警并审查常规记录，防火墙就形同虚设。在这种情况下，网络管理员永远不会知道防火墙是否受到攻击。

防火墙可以作为部署 NAT（Network Address Translator，网络地址变换）

的逻辑地址。因此防火墙可以用来缓解地址空间短缺的问题，并消除机构在变换 ISP 时带来的重新编址的麻烦。

防火墙是审计和记录互联网使用量的一个最佳地方。网络管理员可以在此向管理部门提供互联网连接的费用情况，查出潜在的带宽瓶颈的位置，并根据机构的核算模式提供部门级计费。

3.防火墙的种类

防火墙主要有数据包过滤、应用级网关和代理服务器等几大类型，要谨慎选择满足自己需要的防火墙类型。

（1）数据包过滤（Packet Filtering），这一技术是在网络层对数据包进行选择，选择的依据是系统内设置的过滤逻辑，被称为访问控制表（Access Control Table）。通过检查数据流中每个数据包的源地址、目的地址、所用的端口号、协议状态等因素，或它们的组合来确定是否允许该数据包通过。数据包过滤防火墙逻辑简单，价格便宜，易于安装和使用，网络性能和透明性好，它通常安装在路由器上。路由器是内部网络与互联网连接必不可少的设备，因此在原有网络上增加这样的防火墙几乎不需要任何额外的费用。数据包过滤防火墙的缺点有二：一是非法访问，一旦突破防火墙，即可对主机上的软件和配置漏洞进行攻击；二是数据包的源地址、目的地址以及 IP 的端口号都在数据包的头部，很有可能被窃听或假冒。

（2）应用级网关（Application Level Gateways），是在网络应用层上建立协议过滤和转发功能。它针对特定的网络应用服务协议使用指定的数据过滤逻辑，并在过滤的同时对数据包进行必要的分析、登记和统计，形成报告。实际中的应用网关通常安装在专用工作站系统上。数据包过滤和应用网关防火墙有一个共同的特点，就是它们仅仅依靠特定的逻辑判定是否允许数据包通过。一旦满足逻辑，则防火墙内外的计算机系统建立直接联系，防火墙外部的用户便有可能直接了解防火墙内部的网络结构和运行状态，这有利于实施非法访问和攻击。

（3）代理服务（Proxy Service），也称链路级网关或 TCP 通道（Circuit Level Gateways or TCP Tunnels），也有人将它归于应用级网关一类。它是针对数据包过滤和应用网关技术存在的缺点而引入的防火墙技术，其特点是将所有跨越防火墙的网络通信链路分为两段。防火墙内外计算机系统间应用层的"链接"，由两个终止代理服务器上的"链接"来实现，外部计算机的网络链路只能到达代理服务器，从而起到了隔离防火墙内外计算机系统的作用。此外，代理服务也对过往的数据包进行分析、注册登记，形成报告，同时当发现被攻击迹象时会向网络管理员发出警报，并保留攻击痕迹。

4. 正确使用防火墙

青少年是上网的主要群体，也是抵制黑客的主力军，应当根据自己实际情况和需要来安装个人防火墙。现在有很多青少年希望安装了防火墙之后能一劳永逸，自己就不用再操心了，这其实是错误的。

随着防火墙技术的越来越高明，黑客的手段也越来越厉害，他们会根据防火墙的性能研究出其弱点，并根据弱点有针对性地研究出破解的方法。所以，防火墙与杀毒软件一样也需要定期升级更新。另外，青少年应当多了解一些关于防火墙的知识和发展，在选择和安装使用时做到心里有数。

（二）加密技术

与设置防火墙相比，加密技术相对要简单一些，但是加密技术也很容易被黑客攻破。所谓安全加密，其实也是相对而言的。加密技术是青少年必须要掌握的安全技术，这对于防止黑客攻击还是有一定帮助的。

加密技术一般是应用于电子商务的安全保密措施，是最常用的安全保密手段。

1. 加密的意义

每个人都有不想被别人知道的个人隐私，但是总有好事者总想利用自己的技术来得到这些信息，以获取自己的利益。当今网络社会选择加密是一个极为必要的选择，一是因为在互联网上进行文件传输、电子邮件往来存在着很多不安全的因素，而且这种不安全性是互联网存在的基础——TCP/IP协议所固有的，包括一些基于TCP/IP的服务；二是互联网给众多人带来了商机，互联网就意味着走向了世界，为了能在安全技术基础上打开这扇门，选择数据加密和基于加密技术的数字签名就显得十分必要了。

加密在网络上的作用就是为了防止有用或者私有化信息在网络上被拦截或窃取。举一个简单的例子就是密码的传输，计算机密码非常重要，许多安全防护体系都是基于密码的，密码一旦泄露，在某种意义上就意味着其安全体系的全面崩溃。

通过网络进行登记时，密码是以明文的方式键入并被传输到服务器上的，而网络上的窃听是一件极为容易的事情，所以黑客很可能会窃取到用户的密码，后果将是不堪设想的。因为这些用户有权访问所有的文件，他们可以使用计算机汇总大部分甚至是全部的功能。

解决这个难题的办法就是加密技术。加密后的口令被黑客获得后，也是不可读的，加密后的标书没有收件的密码是无法打开的，标书便成为了一大堆毫无意义的乱码。无论是对个人而言还是对企业来说，加密从某种意义上也成为当今网络社会进行文件或邮件安全传输的时代象征。

当用户的电子邮箱收到电子邮件时，邮件上面标有发信人的姓名和信箱地址，很多人可能会简单地认为发信人就是信上说明的那个人，但是实际上伪造一封电子邮件对一个普通人来说是极其容易的事情。在这样的情况下，就需要用到加密技术基础上的数字签名，它可以被用来确认发信人身份的真实性。

还有一种身份认证技术与数字签名技术十分相似，有些站点提供输入FTP和www服务，当然用户通常接触的这类服务是一种匿名服务，用户的权利是受到限制的，但也有的这类服务不是匿名的，例如，某开发小组把他们的Web网页上传到www服务器上，而问题就是，用户怎样才能确定正在访问其服务器的人就是用户认为的那个人，那么很好的解决方案就是身份认证技术。

还有一点需要强调的就是，文件加密其实不单单能够用于电子邮件或网络上的文件传输，其实它还能够保护静态的文件，例如 PIP 软件就能够对磁盘、硬盘中的文件或文件夹进行加密，从而防止他人窃取其中的信息。

2.加密的基本概念

数据加密的基本过程就是对原来为明文的文件或数据按照某种算法进行处理，使其成为不可读的一段代码，可以称之为"密文"，使其只能在输入相应的密钥之后才能显示出内容来，通过这样的途径来达到保护数据不被他人非法盗取、阅读的目的。这一过程的逆过程为解密过程，即将该编码信息装化为原来的数据的过程。

3.加密的方法

知道了什么是加密以及为什么要采用加密技术，那么，加密的方法是什么呢？

加密过程就如同将一件很有价值的东西放入保险箱中，但是如果用户想要取出这样东西就必须要先打开保险箱，也就是解密过程。解密则需要知道密钥是多少。如果解密的密钥和加密的密钥相同，就可以成为对称式加密；如果解密密钥和加密密钥不同，这就是非对称式加密。由此可见，加密技术可以分成对称式加密和非对称式加密两种。

（1）对称式加密。这种加密方法采用了对称密码编码技术，它的特点是文件加密和解密使用相同的密钥，即加密密钥也可以用作解密密钥，这种方法在密码学中叫做对称加密算法。对称加密算法使用起来简单快捷，密钥较短，且破译困难，对保护信息安全起到了很大的作用。

这种方法的不足之处就是交易双方都使用同样的密钥，有可能发生发送者或者接收者单方泄露密码的情况。另外，每对用户每次使用对称算法都需要使用其他人不知道的唯一的密钥，以保证信息的机密性，这样就会导致钥匙的对数以几何级数增长。

（2）非对称式加密。与对称加密方法不同，非对称加密需要两个密钥：公开密钥（publickey）和私有密钥（privatekey）。公开密钥与私有密钥是一对，如果用公开密钥对数据进行加密，只有用对应的私有密钥才能解密；如果用私有密钥对数据进行加密，那么只有用对应的公开密钥才能解密。因为加密和解密使用的是两个不同的密钥，所以这种算法叫做非对称加密算法。这种方法的优越性也就在这里，因为对称式的加密方法如果是在网络上传输加密文件就难以保密，不管用什么方法都有可能被别人盗取。而非对称式的加密方法有两个密钥，而且公开密钥是可以公开的，即使别人知道也没关系，收件人解密时只要用自己的私有密钥就可以了，这样就能够很好地避免密钥传输过程中的不安全的问题。

非对称式密钥算法是在 1976 年由美国学者迪姆（Dime）和赫曼（Henman）为解决信息公开传送和密钥管理问题提出的一种新的密钥交换协议，允许在不安全的媒体上的通信双方交换信息，安全地达成一致的密钥，这就是"公开密钥系统"（Public Key Crypto system，PKC），也被称做是"非对称式密钥算法"，这是一种功能强大的安全工具。非对称式算法会产生的两把不同的钥匙，一把用于加密明文，一把用于解密密文，PKC 的原理是只有匹配的钥匙才能够完成加密和解密的步骤。

那么，PKC 是如何保密的呢？如果要想某个公开密钥的持有者发送只有他才能阅读的信息，发送者应当使用接收者的公开密钥加密原文，这样只有知道私有密钥的接收者才能解密密文。如果用来解密的私有密钥不是与公开密钥匹配的那一把，解密的结果只会是一对无用的垃圾乱码。

同样，为了证明一个信息的真实性与完整性，发送者可以用他自己的私有密钥加密明文，而任何一个接收者都可以用发送者的公开密钥去解密。如果密文被发送者的公开密钥正确解密，就能够证明发送者就是私有密钥的持有者，因为只有他才能用与解密的公开密钥相匹配的私有密钥加密原文。这就是用 PKC 建立认证体系。

另外，如果密文被正确解密，那么解密后的文本就应当与发送者发送的原文完全一致。

在 PKC 体系中，非对称式算法的加密及解密过程都需要较长的时间，例如，加密较长的文章需要的时间就比加密短文章的时间长。于是，为了缩短加密和解密长文章的时间，人们在 PKC 体系中加入了电子证书，也就是对明文使用 Hash 算法。

'Hash 算法是使用一组短序数据证实数据来源的完整性。"检查和"就是使用 Hash 算法的一个例子，大多数信用卡最后四位就是这个所谓的"检查和"。这种算法是非常精确的，原文只要有一个字发生变动，"检查和"的结果都会不一样。

为了缩短系统对整段信息完整性的检查时间，PKC 一般的做法是使用发送者的私有密钥加密后产生的 Hash，而不对整段信息加密，接收者使用发送者的公开密钥先把 Hash 解密，然后独立算出 Hash，如果算出的 Hash 与解密后的 Hash 相符，那么就能够证明原文并没有被改动过。

4. 密钥的管理

加密技术主要依靠的是密钥的管理。如果密钥丢失了，不仅用户不能打开原来的信息，而且其他人还有可能利用密钥打开并盗取该信息，甚至可以修改密钥，所以青少年有必要了解如何管理密钥。

管理密钥需要注意以下几个方面：

（1）密钥的使用要注意时效和次数。如果用户一次又一次地使用同样的密钥与别人交换信息，那么密钥也与其他任何密码一样存在安全隐患，尽管用户的私人密钥是不对外公开的，但是也无法保证其能够长期保密。一旦有人知道了用户的密钥，那么每一条用户与他人交换过的信息都不再是保密的。此外，使用一个特定密钥加密的信息越多，可能被窃取的资料也就越多，从某种意义上来说也就越不安全。

由于上述原因，一般强调一个对话密钥仅用于一条信息或者一次对话，也可以一种暗示更换密钥的机制，这样可以减小密钥暴露的可能性。

但是这样做仍然有一定的缺陷，即密钥越多，用户要记清楚哪条密钥对应哪条信息就越来越困难。另外，现在的系统中，有些管理文件的系统设置了一些程序，例如连续输入错误密钥多少次以上，这个保管系统就会自动冻结，这就给用户带来了麻烦。

（2）多个密钥的管理。加入一个机构中有100人，要想让任意两个人之间可以进行秘密对话，那么到底需要多少密钥呢？每个人有需要知道多少密钥呢？答案是总共需要4950个密钥，而每个人要记住99个密钥，但是如果机构中有1000人、10000人或更多的话，管理密钥将是一件十分可怕的事情。为此，Kerberos提供了一种较好的方法，它是由MIT发明的。为了能在互联网上提供一个实用的解决方案，Kerberos建立了一个安全可靠的密钥分发中心（Key Distribution Center，KDC），每个用户只要知道一个和KDC进行对话的密钥就可以了。这种方法使密钥的管理变得十分容易，当然其本身还有一定的缺点。

（三）安全检测与监控

网络安全不仅对于个人、企业和银行等十分重要，它还是国家与国防安全的重要组成部分，同时也是关系到国家经济发展的关键。对于入侵攻击的检测与防范、保障计算机系统、网络系统及整个信息基础设施的安全已经成为刻不容缓的重要问题了。

安全检测技术是一种比较有效的抵御黑客攻击的技术方式，青少年只有认真学习其工作原理，了解其优缺点，才能有效地借助这一技术保护我们的网络安全。

1. 入侵检测技术的概念

入侵检测技术是一种为了保证计算机系统的安全而设计与配置的一种能够及时发现并报告系统中未授权或异常现象的技术，一般用于检测计算机网络中违反安全策略的行为。而违反安全策略的行为主要有两种：一是入侵，即非法用户的违规操作；二是滥用，即用户的违规操作行为。

利用审计记录，入侵检测系统能够将任何不希望出现的活动识别出来，并限制这些活动，保护系统安全。利用入侵检测系统能够在系统被入侵攻击发生危害前，就检测到入侵攻击，并利用报警与防护系统将其驱逐。在入侵攻击过程中，能够减少入侵攻击造成的损失。在入侵攻击之后，能够收集关于入侵攻击的信息，作为防范系统的知识添加到知识库中，以增强系统的防范能力。

2. 入侵检测的目的

入侵检测作为安全技术的主要目的如下：

（1）识别入侵行为；

（2）识别入侵者；

（3）检测和监视已成功的安全突破；

（4）为对抗措施及时提供重要信息。

3. 入侵检测产品

一个入侵检测产品现在已经步入快速发展时期，一般由传感器和控制台两部分组成。传感器负责采集数据包（网络包、系统日志等）、分析数据并生成安全事件；控制台则主要起到中央管理的作用，商品化的产品通常提供图形界面的控制台，这些控制台基本上都支持 Windows NT 平台。

从技术角度看，这些产品一般可以分为基于网络的产品和基于主机的产品两种。混合的入侵检测系统可以弥补一些基于网络与基于主机的片面性缺陷。此外，文件的完整性检查工具也可以看做是一种入侵检测产品。

（1）基于网络的入侵检测产品（NIDS）。这类产品一般放置在比较重要的网段内，不停地监视网段中的各种数据包，并对每个数据包或可疑的数据包进行特征分析。如果数据包与产品内置的某些规则相吻合，入侵检测系统就会发出警报甚至直接切断网络连接。目前，大部分入侵检测产品是基于网络的。

网络入侵检测系统的主要优点是：网络入侵检测系统能够检测哪些来自网络的攻击，它能够检测到超过授权的非法访问。一个网络入侵检测系统不需要改变服务器等主机的配置。由于它不会在业务系统的主机中安装额外的软件，从而不会影响这些机器的 CPU、I/O 与磁盘等资源的使用，不会影响业务系统的性能。由于网络入侵检测系统不像路由器、防火墙等关键设备，它不会成为系统中的关键路径。网络入侵检测系统发生故障不会影响正常业务的运行。部署一个网络入侵检测系统的风险比主机入侵检测系统的风险少得多。

网络入侵系统近年来有向专门的设备发展的趋势，安装这样一个网络入侵检测系统非常方便，只需将定制的设备接上电源，做很少一些配置，将其链接到网络上即可。

网络入侵的弱点有网络入侵检测系统只检查它直接连接网络的通信，不能检测在不同网段的网络包。在使用交换以太网的环境中就会出现监测范围的局限。而安装多台网络入侵检测系统的传感器会使部署整个系统的成本大大增加。

网络入侵检测系统为了性能目标通常采用特征检测的方法，它可以检测出普通的一些攻击，而很难实现一些复杂的需要大量计算与分析时间的攻击检测。网络入侵检测系统可能会将大量的数据传回分析系统中。在一些系统中监听特定的数据包会产生大量的分析数据流量。一些系统采用一定方法来减少回传的数据量，对入侵判断的决策由传感器来实现，而中央控制台成为状态显示与通信中心，不再作为入侵行为分析器。这样系统中的传感器协同工作能力较弱。网络入侵检测系统处理加密的会话过程较困难，目前通过加密通道的攻击尚不多，但随着 IPv6 的普及，这个问题会越来越突出。

（2）基于主机的入侵检测产品（HIDS）。这类产品通常是安装在被重点检测的主机上，主要是对这台主机的网络实时连接以及系统审计日志进行分析和判断。如果其中主题活动十分可疑（违反统计规律），入侵检测系统就会采取相应措施。

基于主机入侵检测系统的主要优点是，主机入侵检测系统对分析"可能的攻击行为"非常有用。举例来说，有时候它除了指出入侵者试图执行一些"危险的命令"之外，还能分辨出入侵者干了什么事、他们运行了什么程序、打开了哪些文件、执行了哪些系统调用。主机入侵检测系统与网络入侵检测系统相比通常能够提供更详尽的相关信息。主机入侵检测系统通常情况下比网络入侵检测系统误报率要低，因为检测在主机上运行的命令序列比检测网络流更简单，系统的复杂性也少得多。主机入侵检测系统可部署在那些不需要广泛的入侵检测、传感器与控制台之间的通信带宽不足的情况下。主机入侵检测系统在不使用诸如"停止服务"、"注销用户"等响应方法时风险较少。

主机入侵检测系统的主要弱点是，主机入侵检测系统安装在我们需要保护的设备上。举例来说，当一个数据库服务器要保护时，就要在服务器上安装入侵检测系统。这会降低应用系统的效率。此外，它也会带来一些额外的安全问题，安装了主机入侵检测系统后，将本不允许安全管理员有权力访问的服务器变成可以访问的了。主机入侵检测系统的另一个问题是它依赖于服务器固有的日志与监视能力。如果服务器没有配置日志功能，则必须重新配置，这将会给运行中的业务系统带来不可预见的性能影响。因为日志在商业运作中、在信息交换中十分重要，日期出现错误，可能造成很大的损失。全面部署主机入侵检测系统代价较大，企业中很难将所有主机用主机入侵检测系统保护，只能选择部分主机保护。那些未安装主机入侵检测系统的机器将成为保护的盲点，入侵者可利用这些机器达到攻击目标。主机入侵检测系统除了监测自身的主机以外，根本不监测网络上的情况。对入侵行为分析的工作量将随着主机数目的增加而增加。

（3）混合入侵检测。基于网络的入侵检测产品和基于主机的入侵检测产品都有不足的地方，单纯使用一类产品会造成主动防御体系不全面。但是，它们的缺憾是互补的，如果两类产品能够结合起来部署在网络内，就会构架起一套完整立体的主动防御体系。综合了基于网络和基于主机两种检测系统结构特点的入侵检测系统，既能够发现网络中的攻击信息，也能够从系统日志中发现异常情况。

（4）文件完整性检查。文件完整性检查系统用来检查计算机中自上次检查后文件的变化情况。文件完整性检查系统保存有每个文件的数字文摘数据库，每次检查时，它重新计算文件的数字文摘并将其与数据库中的值相比较。如不同，则文件已经被修改；若相同，则文件未发生变化。文件的数字文摘通过 Hash 函数计算得到。无论文件的长度如何，它的 Hash 函数计算结果是一个固定长度的数字。与加密算法不同，Hash 算法是一个不可逆的单向函数。采用安全性高的 Hash 算法，如 MD5、SHA 时，两个不同的文件几乎不可能得到相同的 Hash 结果。文件一旦被修改，就能够检测出来。在文件完整性检查中功能最全面的就是 Tripwire。

文件完整性检查的优点：从数学角度分析，攻克文件完整性检查系统，无论是在时间上还是空间上都是不可能的。文件完整性检查系统是非常强韧的，用来检测是否被修改过的工具。实际上，文件完整性系统具有相当的灵活性，可以配置成为检测系统中所有文件或某些系统重要文件。当一个入侵者攻击系统时，一般会做两件事，一是要掩盖他的踪迹，也就是他要通过更改系统中的可执行文件、库文件或日志文件来隐藏其活动和行踪；二是要做一些改动以保证下次仍然能够继续入侵。这两种活动都能够被文件完整性检查系统检测出来。

文件完整性检查的弱点：文件完整性检查系统依赖于本地的文摘数据库。与日志文件相同，这些数据可能会被入侵者修改。当一个入侵者取得管理员权限后，在完成破坏活动后，可以运行文件完整性检查系统更新数据库，以此瞒过系统管理员的检测。当然，可以将文件数据库放在只读的介质上，但这样的配置会不够灵活。

做一次完整的文件完整性检查是一个非常耗时的工作，在 Tirpwire 中，在需要时可选择检查某些系统特性而不是完全的摘要，从而能够加快检查速度。系统有些正常的更新操作可能会带来大量的文件更新，从而产生比较复杂的检查与分析工作。

第四章　网络个人权利与安全

　　尽管网络是一个虚拟的社区，但是，进入网络的人们都拥有诸多个人权利，例如个人隐私权和名誉权等，然而，越来越多的权利受侵犯事件却在不断增多。随着公民主体意识和权利意识的逐步提高，人们维护网络个人权利的意识也在慢慢觉醒，现在，关于网络侵权的问题越来越受到重视了。

第一节　网络个人隐私权

案例

　　男孩张某喜欢女孩李某，但是，女孩没有接受这份感情，而是和另外一个男孩林某开始接触。

　　李某和林某一直用电子邮件和OICQ进行感情沟通和交流、约会见面等。蹊跷的是，李某和林某之间聊了什么内容、哪天约会了等，张某总是能够知道，并且时常在某些场合提起。直到最后张某自己在一次谈话中不小心暴露出来。原来张某不死心，通过电子邮件的方式发送一个木马程序到李某的计算机中。通过该木马程序，张某获得了李某的电子邮箱和OICQ的密码。李某在计算机上进行的所有操作都在张某的眼皮底下，甚至于李某的计算机几点钟开机、几点钟关机、开机后打开Word

写了哪些文字等，都被张某利用木马程序以一个文本的形式记录下来定期发给张某。

在本案中，张某严重侵害了李某和林某的网络隐私权。

"隐私权"一词最早是由美国法学家路易斯·布兰蒂斯和萨莫尔·华伦于1890年发表的一篇著名论文《隐私权》中提出的，演变至今，已成为一项公认的独立的人格权。它是指自然人所享有的一种不愿或不便他人获知或干涉的私人信息支配和保护的人格权。

一、网络个人隐私权的概念和内容

网络个人隐私权指的是公民在网上享有的私人生活安宁与私人信息依法受到保护，不被他人非法侵犯、知悉、收集、复制、公开和利用的一种人格权；也指禁止在网上泄露某些与个人有关的敏感信息，包括事实、图像等。

这一概念主要包含了两方面的内容，一是在积极意义上，用户依法享有保护个人的生活安宁，保护个人信息秘密不被他人非法侵扰、知悉、收集、利用和公开，即不受侵扰；二是在消极意义上，用户能够自由决定个人生活和个人信息的状况和范围，并能够对其进行利用，即个人对于其个人隐私应有主动积极控制支配的权利。具体来说，网络隐私权包括以下几方面的内容：

（一）网络个人资料信息收集的知悉权

知悉权是网络隐私权的基本权利，是指任何单位和个人在收集使用他人的个人数据资料时，必须向资料的所有者进行及时准确地告知，网络用户有权知道数据的使用者收集了哪些信息，信息的具体内容是什么，这些信息将被用做何用途以及数据拥有人的相关权利等。

（二）资料收集的选择权

用户的选择权主要体现在对个人信息资料的收集使用上，在目前情况下，绝大多数网站所提供的服务都与用户付出的信息资料直接有关，如果用户不提供个人信息或者不完全提供网站所需的全部个人资料，就无法获得网站的绝大部分服务，甚至拒绝访问，这样不利于用户选择权的充分实现，所以选择权的真正实现尚待时日，还需各方的努力。

（三）网络个人信息资料的控制权

这是网络隐私权的核心，这一权利包括网络隐私权人通过合理的途径访问、查阅被收集和整理的网络个人信息资料并对错误的个人信息资料进行修改、补充、删除，以保证网络个人信息资料的完整、准确。也包括任何单位或个人、未经网络用户本人的同意或授权，不得随意公开、使用或处置用户的网络个人信息资料。

（四）网络个人信息资料的安全请求权

不论网站所收集的是何种个人信息，只要涉及网络隐私权，就必然与信息资料的安全问题有密切关系，不论是人为的信息泄露或被窃取，还是技术上的缺陷、操作上的失误致使信息资料或数据丢失，都将严重地影响个人信息资料的正常使用和用户网络隐私权的保护。所以应当赋予权利人安全请求权：一方面权利人有权要求网络个人信息资料的持有人采取必要的合理措施，保护用户的个人信息资料的安全；另一方面当网络个人信息资料的持有人拒绝采取必要措施和技术手段保护网络个人信息资料的安全时，权利人有权提起诉讼或根据协议申请仲裁或向有关行政职能机构申述获得行政强制力的支持。

简单来说，隐私权主要分为是否决定向他人公开个人信息的权利，自己使用或许可他人使用个人信息的权利，个人信息被收集前收到相关通知的权利，确保信息准确无误的权利，个人信息安全受到保障的权利等。

二、侵犯网络个人隐私权的行为

侵犯网络个人隐私权的行为主要有以下几种：

一是未经用户许可，以不合理的用途和目的保存或收集他人的数据。计算机系统的工作原理决定了一定的信息被自动保存下来的可能性和必然性。对于这部分自动保存的信息，如果不影响网络的正常运营，应当及时删除。未经许可并以不合理的目的保存或收集个人信息，就会构成对该用户隐私权的侵犯。

二是不当泄露或故意传播个人信息。合法取得个人信息，但未经许可而不合理的利用个人信息，或者超出许可范围滥用个人信息，则侵犯隐私支配权。

三是擅自篡改个人信息或披露错误信息。网络运营商应该保证个人信息的客观性和准确性；隐私权决定了网络用户有权查询网络运营商收集的信息，更正错误的信息。

四是非法打开他人的电子邮箱和非法进入私人网上信息领域。网络空间虽然是一种虚拟空间，但存在于其中的个人信息同样不得被侵扰、刺探或窥视。

三、网络隐私权的保护模式

（一）立法模式

这是由国家和政府主导的模式，这种模式的基本做法是由国家通过立法的方法，从法律上确立网络隐私保护的各项基本原则与各项具体的法律规定、制度，并在此基础上建立相应的司法或者行政救济措施。

（二）行业自律模式

在这种模式下，为了鼓励和促进互联网产业的发展，政府对互联网服务提供商和其他与这一产业有关的各方实行比较宽松的政策，不主张通过严格的立法为网络服务商施加过多的压力和义务。这种模式主要是美国采用。

四、我国网络隐私权的相关法律保护

我国《计算机信息网络国际联网安全保护管理办法》第七条规定："用户的通信自由和通信秘密受法律保护。任何单位和个人不得违反法律规定，利用国际联网侵犯用户的通信自由和通信秘密。"

《计算机信息网络国际联网管理暂行规定实施办法》第十八条规定："不得擅自进行未经许可的计算机学校，篡改他人信息，冒用他人名义发出信息，侵犯他人隐私。"

若要这些规定系统地对网络隐私权加以保护，不是它们所能胜任的，而且在审判实践中可操作性也不强。虽然这些规定只保护网络隐私权的部分组成，但这表明，网络隐私权的法律保护在我国已经开始呈现出部门化、独立化和特别化的趋势，制定旨在保护个人网络隐私权的单行法律法规将要走上议事日程。

五、网络隐私权的自我保护

青少年在上网时，首先要遵守网络道德规范，不要侵犯他人的网络隐私权，另外，还要注意保护自己的隐私权不被侵犯，做好自我保护。网络隐私权的自我保护主要有以下几种方法：

（一）不要轻易在网络上留下个人信息

网络用户应该非常小心保护自己的资料，不要随便在网络上泄露包括电子邮箱在内的个人资料。对唯一标识身份类的个人信息更应严格保密，不能轻易泄露。这些信息应该只限于在线银行业务、护照重新申请或者跟可信的公司和机构打交道的事务中使用。即使一定要留下个人资料，在填写时也应先确定网站上是否具有保护网民隐私安全的政策和措施。

（二）将个人信息与互联网隔离

当某计算机中有重要资料时，最安全的办法就是将该计算机与其他上网的计算机切断连接。这样，可以有效避免被入侵，防止数据库被删除、修改所带来的经济损失。换句话说，网民用来上网的计算机里最好不要存放重要个人信息。这也是目前很多单位通行的做法。

（三）采用加密技术

传输涉及个人信息的文件时，使用加密技术是一个保护隐私的好方法。在计算机通信中，采用密码技术将信息隐蔽起来，再将隐蔽后的信息传输出去，使信息在传输过程中即使被窃取或截获，窃取者也不能了解信息的内容。发送方使用加密密钥，通过加密设备或算法，将信息加密后发送出去；接收方在收到密文后，使用解密密钥将密文解密，恢复为明文。如果传输中有人窃取，他也只能得到无法理解的密文，从而保证信息传输的安全。

（四）在计算机系统中安装防火墙

防火墙是一种确保网络安全的方法。防火墙可以被安装在一个单独的路由器中，用来过滤不想要的信息包，也可以被安装在路由器和主机中。在保护网络隐私权方面，防火墙主要起着保护个人数据安全和个人网络空间不受到非法侵入和攻击的作用。

（五）利用软件

网络用户可以利用专业的软件，反制 Cookie 和彻底删除档案文件。另外，由于一些网站会传送一些不必要的信息到网络使用者的计算机中，因此，网络用户也可以通过每次上网后清除暂存在硬盘临时文件夹里的资料，从而保护自己的网络隐私权。

第二节 网络个人名誉权

例

赵某是网络爱好者，常用"三子"这个网名在某网站论坛上发帖，他的网名和真实姓名在该网站中都小有名气。一次网友聚会中，赵某认识了钱某，并得知钱某的网名，发现钱某就是一直批评自己观点的网友，因此，两人在聚会时相处得并不融洽。

后来赵某多次在网上使用另一个网名发出侮辱钱某人格、损害其名誉的帖子，严重侵犯了钱某的名誉权。于是钱某向法院提出起诉，请求判令赵某停止侵害、消除影响、赔礼道歉，并向原告赔偿精神损害抚慰金1万元。

经审理，人民法院作出判决：被告（赵某）停止对原告（钱某）的名誉侵害，并于本判决生效之日起3日内，在该网站上向原告赔礼道歉，道歉内容须经本院审核。否则，本院将在一家全国性网站上公布判决书，刊登费用由被告负担。被告于判决生效之日起3日内，向原告支付精神损害抚慰金1000元。

人的名誉是指具有人格尊严的名声，是人格的重要内容，受法律的保护。任何人对公民和法人的名誉不得损害。凡败坏他人名誉，损害他人形象的行为，都是对名誉权的侵犯，行为人应负法律责任。

一、网络名誉权的概念和分类

网络侵犯名誉权，是指通过互联网络，在网上登载包括文字、图片、声音、动画等各种利用计算机和网络技术制作并在网络中上载的各种各样的作品，侵犯公民或法人的名誉，并使其社会评价降低或贬损的行为。

网络名誉侵权根据其内容，一般可以分为两类：一是诽谤，即通过捏造和散布虚假消息或者揭人隐私贬低他人人格，导致他人社会评价下降的行为；二是侮辱，即通过语言、文字等方式贬低他人人格，导致他人社会评价下降的行为。

与传统法律体系中的名誉权相比，网络上的名誉权在本质上与其没有什么差别，只是在表现方式或传播工具上有所区别。可是，尽管只有这样一点差别，却给侵权人带来了更为便利的侵权条件——在现实社会当中，消息的传播必须依靠有限的媒体或者口头传递，传播范围、速度有限；但是到了网络上，依靠各种技术手段如个人主页、论坛、聊天室和电子邮件，只需要短短的几分钟，就能够将消息传播到全世界用户的计算机上，手段简单，但后果相当严重，这些都是现实社会难以比拟的。同时，这也给受害人制止侵权、消除影响带来了更大难度。

二、网络名誉权的特征

（一）侵权言论的散播更具有广泛性

这是由互联网的性质决定的。通常情况下，上载到互联网上的信息在几秒钟之内就能传遍世界每一个角落。一个人的侵权言论通过网络可以轻易地传到其他地区甚至是其他国家，与其他侵权方式相比，网络侵权的可控性很小。

（二）侵权言论的危害后果更加难以估计

比起传统媒体，网络传播的广泛性和快速性使侵权言论的传播范围更大，对于受害人来讲，所受到的伤害也就越大。虽然我国互联网的发展只有几年的时间，但是非常迅速，随着网络的进一步普及，网络名誉侵权的危害性在影响面上的增加是不可避免的。

（三）网络名誉侵权的责任者更加难以界定

责任者除了侵权言论的发布者，也可能还有网站的经营者，网站经营者是否承担责任，承担什么样的责任，一直是有争议的。世界各国法律界都在积极立法，寻求完善的解决方式。

三、网络名誉侵权的方式

在网络世界中，用户不仅是信息的接收者，也是信息的制作者，用户常常以个人计算机为屏障，隐匿自己的真实身份进入网络，对言行的自律程度大大降低。同时由于网络上的信息量巨大，使得网站经营者由于技术手段的限制不可能完全对自己网站上的内容进行有效控制。在这样的前提下，网络名誉侵权就变得更加容易。从总体上讲，当前网络名誉侵权的方式主要有：

（一）在网络论坛和留言板（BBS）上发表不当言论侵犯他人名誉权

这种方式的主要特点是它的传播范围广，具有信息交互性。例如，用户在线讨论某个话题时，常常会不由自主地言辞过激，最后很可能对个体进行人身攻击。

（二）通过电子邮件侵犯名誉

电子邮件与传统的通信方式相比，其写作较为随便，更为口语化，可以自由随意地表达思想，许多面对面不便说出的话，都可以通过电子邮件的方式表达出来，而且电子邮件一旦点击发出，就没有办法收回。但是，需要注意的是，并不是所有发布不良言论的电子邮件都构成对他人名誉权的侵害。如果这些含有不当言论的电子邮件仅仅是发给了受害人个人的话，这并不会构成侵权，因为这些信息没有公开，其发布的对象不是公众，而是针对接收者个人，尽管行为损害了受害人的人格尊严，但一般不会致使受害者的社会评价降低。只有当侵权人通过发送电子邮件将这些不当言论进行广泛散播时，将信息发给与自己和受害人有关的第三人，导致受害者的名誉毁损，从而社会评价降低时，才构成对受害人名誉权的侵害。

（三）通过网络散布别人的隐私

每个人都会有属于自己的隐私，也许这些隐私不被大众接受或会因此被大众排斥。而侵权人往往通过网络将他人的这些个人隐私散布出去，从而导致他人社会评价的降低。由于侵权人网络身份的隐蔽性，这种侵权方式危害性更大。因为同其他侵权行为相比较，受害人往往不可能在第一时间里知道自己的隐私被侵犯的事实，而且也很难知道侵权人是谁。

四、网络名誉权的相关法律规定

（一）法律规定

1987 年 1 月 1 日由全国人大颁布施行的《民法通则》第一百零一条规定："公民、法人享有名誉权，公民的人格尊严受法律保护，禁止用侮辱、诽谤等方式损害公民法人的名誉。"第一百二十条规定："公民的姓名权、肖像权、名誉权、荣誉权受到侵害的，有权要求停止侵害，恢复名誉，消除影响，赔礼道歉，并可以要求赔偿损失。"

（二）部门规章

2000 年 10 月 8 日信息产业部颁布施行的《互联网电子公告服务管理规定》第九条规定："任何人不得在电子公告服务系统中发布含有下列内容之一的信息：……（八）侮辱或者诽谤他人，侵害他人合法权益的。"

（三）司法解释

1998 年 9 月 15 日，最高人民法院颁布了《最高人民法院关于审理名誉权案件若干问题的解释》，从案件的受理范围、名誉侵行为的认定、常见行为规范、受诉法院的确定等 11 个方面，对名誉侵权行为作了详尽的解释，成为办理名誉侵权案件的最常用规范。

不难看出，侵犯网络名誉权不仅仅是道德层面上的问题，也是一个违反法律的行为，所以，青少年上网发布观点和文章时，必须注意不能侵犯他人的名誉权。不要认为网络是个虚拟空间，没有人会追究责任，要知道，在网上侮辱、诽谤他人，同样会受到法律的制裁。

第五章 警惕网络不良影响

网络是一把"双刃剑",它能够让青少年的眼界更加开阔,激发他们的求知欲和学习的兴趣;但网络中也充斥着大量的垃圾信息和不良诱惑,面对这些不良影响,青少年们应当提高警惕,增强自己的网络道德修养,不要陷入网络的"陷阱"而无法自拔。

第一节 网络综合征

案例

15岁的男生小楠是一所重点学校的初中学生,学习成绩一直很好。上初二后,他的父亲开始酗酒,经常与母亲争吵,还会打骂小楠。

不想待在家里的小楠来到网吧,时间一长,他迷恋上了网络里的虚幻世界。在这里,他内心的苦闷得到了宣泄。于是一放学他就泡在网吧里,经常玩到半夜甚至一宿。白天没有精神,趴在课桌上睡觉,学习成绩一落千丈。直到连续两个晚上没有回家他妈妈才发现事情的严重性。

妈妈多次跪着劝他,可他听不进去。怕妈妈发现他的踪迹,他每次都把自行车停放在离网吧较远的地方,为此车子都丢了好几辆。

网络的快速发展带来了便捷的现代化生活,人们工作、学习都离不开它,然而过度地上网也会让人们患上网络综合征,它不仅对人们的身体健康产生影响，还会危害到人们的心理健康。

一、什么是网络综合征

网络综合征（Net Synthesis）是人们由于沉迷于网络而引发的各种生理、心理障碍的总称。

目前，世界各国都对其展开了研究，研究的重点包括成瘾性（依赖性）、人际关系障碍（包括网友、网恋、现实生活中的人际障碍等）、创造毁灭欲和与此相关的抑郁症、躁狂症等。

有专家发现，网络综合征患者由于上网时间过长，大脑神经中枢持续处于高度兴奋状态，会引起肾上腺素水平异常增高，交感神经过度兴奋，血压升高，植物神经功能紊乱。此外，还会诱发心血管疾病、胃肠神经官能症、紧张性头痛等病症。

二、网络综合征的类型

网络综合征主要包括以下几种类型：

一是色情成瘾。是指上网者迷恋网上的所有色情音乐、图片以及影像等，有专家指出，每周花费 11 小时以上用来漫游色情网站的人，就有色情成瘾的嫌疑。

二是网络交际成瘾，指上网者利用各种聊天软件以及网站的聊天室进行人际交流。

三是强迫信息收集成瘾，这包括强迫性地从网上收集无用的、无关紧要的或者不迫切需要的信息。

四是游戏成瘾，这在青少年中普遍存在。

上述四种瘾不是单一存在的，某些人会同时存在几种瘾。不论是用哪一种方式来麻醉自己，都是不可取的，既解决不了现实中的问题，也让上网者得了这个心理病。问题总有解决办法，不要以为寻求逃避就能没事，世界上没有解决不了的问题，只有不敢去解决问题的人。

三、网络综合征的成因

造成"网络综合征"的原因是多方面的，包括心理因素、生物学因素等。很多人因为在现实中遭受了种种压抑，试图通过在茫茫"网海"上的冲浪行为，使自己寻求归属的心理得到暂时满足。网络综合征最主要的诱因是由于受到挫折或对现实不满而导致心态颓废、生活空虚，想通过虚拟网络来模拟现实，寻求刺激和情感发泄，并导致上瘾，继而引发其他心理病症。

一般可能有以下几种情况导致"网络综合征"的产生：

第一，因空虚无聊而接触网络，通过通信软件或聊天室等途径结交网友。由于网络中精华与糟粕并存，且为不良思想的人提供了伪装的方便，跟这些披着羊皮的狼成了朋友，每天交流不良信息，使其思想被同化而变得颓废，导致上网者很难做到"近墨者不黑"。

第二，现实中的挫折很难使人们不向往网络世界中的一些"新奇"、"刺激"。好奇是人类的本性，如色情电影、音乐，色情聊天室等，这些现实世界中严禁的精神毒品接触多了会扭曲人的正常观念，觉得情感世界里只有性，每天的话题都离不开性，最终迷失了自己。

第三，现实中不被认同而失意，因此要寻求自我价值。网络世界是最能获得虚假奉承的，特别是聊天方式，容易获得不少"赞美"而产生虚荣心，现实世界里人际关系不好的人，一到网络就变宠儿。人有喜欢被赞美的天性，失意者被虚假赞美后得到满足，觉得网上才是真实的，认为网上的"朋友"才能看到自己的优点。所以就放弃了在现实世界里对自己思想和行为的反思，不再接受亲友和爱人的劝导。

第四，网络信息的奔腾气势营造出一种极其活跃的网络氛围，身在其中的人们在不知不觉中就被动接纳了网络，被有网瘾的朋友引入其中。而进入了网络后，通过游戏和聊天群形成了另类文化的群体，游戏通常是暴力倾向，聊天一般是色情泛滥。

第五，网络世界中人们可以随意地宣泄，不必掩饰自己；可以随意美化自己，随意地修饰；愿意追寻"虚假浪漫"与"道德挑战"的也可以如己所愿。结果使人一遇到不顺心的事情就靠网络来麻醉自己，做出一些在现实世界里自己都觉得难以接受的事情。这种内在的满足感在现实中不可能有，它会促发更频繁地上网，从而形成一种类似于"毒瘾"的循环。

处于青春期的学生敏感、好奇，富有幻想，特别是世界观没有形成，长期大量地接触网络上那些不良信息，往往会不能自拔，新奇、幻想不断，在变异的信息路径上越走越远，从而对身心产生了诸多不良影响乃至产生心理障碍。

四、网络综合征的症状

网络综合征的主要症状有如下一些方面：上网后精神极度亢奋并乐此不疲，长时间使用网络以获得心理满足，上网后行为不能自制，或通过上网来逃避现实，并时常出现焦虑、忧郁、人际关系淡漠、情绪波动、烦躁不安等现象；对家人和朋友隐瞒自己是"网虫"；上网时间每次都超过原来计划，甚至整夜地游荡在虚幻的环境

中，而到白天学习或工作时则昏昏欲睡，对现实生活无兴趣；不上网时手指会不停地运动，严重时全身打战、痉挛、摔毁器物，甚至只是为了活下去不得不吃饭和睡觉。

五、网络综合征的影响

（一）对心理健康的影响

1. 网络交往障碍

网络交往障碍是指因使用网络而引发的现实生活中的社交障碍。社会学的常识告诉我们，人际交往的互动是青年时期完成个体社会化的基本环节。人的行为在社会交往中要受社会道德规范的匡正，而在网上他们不必遵守现实社会中人际关系和角色扮演的规划，没有必须履行的角色义务，这种匿名效应使他们在网上与陌生人交往幽默、浪漫，而在现实生活中却不善言谈、沉默寡言。网络锁住了他们现实世界的情感之门，他们只对虚拟的网络空间"一网情深"。而在现实生活中懒得表露自己的情感，也不愿意接受他人情感的表露，渐渐的会对现实产生疏远感、淡漠感和不信任感，正如精神病专家托尼诺所说："长期的网上冲浪会渐渐失去自我，改变个性。"

2. 网络孤独

网络孤独是由于网络的使用者性格内向、自卑，惯于自己承受心理负荷，厌恶社会上虚情假意的人情来往，不愿意不善于与他人交往，希望通过网上交往和网上娱乐来摆脱孤独。但网络隔绝了人与人之间的面对面的交流与互动，他们在下网后发现自己面对的依然是键盘、鼠标、显示器，这常使他们在现实世界中的孤独感日益严重。他们通常缺乏睡眠并过度疲劳，在离线时变得冷漠、紧张或易怒，否认问题的严重性，与朋友关系冷淡，脱离所有的校园社交活动和事件。他们常常在网上发泄自己的不良情绪，心情比较放松。这就驱使他们更依赖网络这种社会交往方式，从而导致网络孤独这种心理障碍的产生。

3.网络人格心理失真（又称网络自我的迷失）

在现实世界中每个人扮演着不同的社会角色。而在网络人际交往中人的真实姓名、性别、年龄、身份等多种社会角色被掩蔽，并且在网络中的角色缺乏责任性，这使使用者渐渐失去了对周围现实的感受力和积极的参与意识，从而导致了孤僻、冷漠、欺诈和隐匿人格的心理。他们混淆了网上角色与现实生活中的角色，忘记了自己在社会责任和社会地位、在网络和现实生活情景中交替出现不同的性格特征，网上网下行为缺乏同一性，人格缺乏相应的完整性、和谐性，从而导致部分青少年偏执性人格、自恋性人格、边缘性人格和多重人格冲突等。这种人具有脱离现实、退缩孤僻、耽于幻想的行为特点。

（二）对身体健康的影响

1.计算机辐射对身体有危害

计算机辐射有两类：低能量的 X 射线和低频电磁声辐射。如果人们较长时间处于这种辐射环境中又没有进行必要的保健，就会引起中枢神经失调。

2.操作不当伤害身体

长期沉迷于网络，如果操作不当，也容易对身体产生直接影响：

（1）坐姿。使用计算机时一般都是保持着固定的姿势，时间长了就会出现腰酸颈直、头胀眼干、全身不适等症状。长时间连续操作、姿势不当还会引发颈椎病等。

（2）击键。长期击键会对手指和上肢不利；人们在使用鼠标时，总是集中机械地活动一两个手指，长期密集、重复和过度的活动逐渐形成了手腕关节的麻痹和疼痛。随着计算机的普及，本不常见的"腕管综合征"的发病率在日益提高，而且病源大多都在这"鼠"上。

（3）用眼。在操作计算机时，我们总是"目不转睛"地盯着显示屏，较长时间接触计算机后，常感双眼干涩，酸胀、看不清东西，经常犯困等。可是经眼科医生检查，双眼视力、眼球、眼压都没有问题。许多眼科大夫将这一症状称为"网络综合征"之眼科新疾病。

六、如何应对网络综合征

网络综合征并不是不治之症，即使发觉自己已经有了症状也不必害怕。

对于上网的人来说，一定要注意保持正常而规律的生活，不要把上网作为逃避现实生活问题或者消极情绪的工具；上网要有明确的目的，有选择性地浏览自己所需要的内容；上网过程中应保持平静心态，不宜过分投入；平时要丰富业余生活，比如外出旅游、和朋友聊天、散步、参加一些体育锻炼等。青少年要远离一切色情、暴力性的网页及内容，家长们应当对其进行监督，严格控制。

如果已经出现早期症状，应及时停止操作并休息。必要时可安排心理治疗。

另外，上网时间不宜过长。因为长期对着计算机，计算机荧屏的电磁辐射对人体健康不利，娱乐有度，不可过于痴迷。如果担心自己无法控制时间，可以试着在上网之前把任务写在一张纸上，预计一下需要多少时间，例如你需要一个小时，那么可以设定一个30分钟的闹钟，到时看看你的进展如何。

第二节 青少年网络成瘾

案例

小章（化名）是一名初中三年级学生，父母常年在外地做生意，家里只有爷爷奶奶照顾他和妹妹的生活。刚上初中时，小章的学习成绩在班级中还处于中等偏上，可自从迷上网络以后，他就常常放学后直奔网吧。

由于没有父母的管束，他的行为越来越肆无忌惮，最后常常夜宿网吧。在沉湎于网络的同时，他的学习成绩也一落千丈，而且与周围同学的交流越来越少，对班主任和任课老师则是避而远之。

随着网络应用的日益普及，网络资源丰富和方便快捷的特点得到人们欢迎，它为我们打开通向世界的窗口，让我们看到生活的美好与精彩，为我们的学习、生活和工作都带来了便利，但同时我们不得不面临着一个突出的问题：我们眼睁睁看到原先勤学上进的同学沉迷于网络，甚至逃学、辍学，一步步陷入"网络游戏"、"网聊网恋"的泥潭。越来越多的青春期孩子迷恋于网络中不能自拔，引发了一系列社会问题。

所以，青少年应明白网络成瘾的危害，坚决抵制网络成瘾。

一、网络成瘾的概念和分类

网络成瘾，又称互联网心理障碍（Internet addictive disorder，简称IAD），临床上是指由于患者对互联网络过度依赖而导致的一种心理异常症状以及伴随的一种生理性不适。有台湾学者认为，网络成瘾是由于重复地使用网络而导致的一种慢性或周期性的着迷状态，并且带来难以抗拒的再度使用欲望，同时对上网带来的快感一直有生理及心理依赖。也就是说，因为网络的许多特质带给使用者许多快感，同时又因很容易重复获得这些愉悦的体验，使用者便在享受这些快感时渐渐失去了时间感，一方面逐渐对网络产生依赖，另一方面导致沉迷和上瘾。

按照《网络成瘾诊断标准》，网络成瘾分为网络游戏成瘾、网络色情成瘾、网络关系成瘾、网络信息成瘾、网络交易成瘾五类。

有学者认为，网络成瘾可以分成三个阶段。第一个阶段是成瘾阶段，新用户往往采用完全沉溺于其中的方式，来使自己适应新环境；第二阶段是觉醒阶段，用户开始减少互联网的使用；第三阶段是平衡阶段，此时用户进入了正常的互联网使用状态。

二、网络成瘾的危害

第一，青少年网络成瘾者过度地沉溺于网络中虚拟的角色，容易迷失真实的自我，将网络上的规则带到现实生活中，造成角色的混乱。

第二，虚拟的网络社交为其他网络犯罪提供了机会，越来越多的青少年沉溺于虚拟的网络交往，忽视了虚拟世界和现实生活的区别，缺乏自我保护意识，过度轻信网友，都为引发网络犯罪提供了机会。

第三，在网络空间，青少年网络成瘾者由于不必与其他人面对面地打交道，从而缺少现实社会中以教师、家长为核心的人际关系对他们行为的监督，他们在网上自由任性，在无拘无束中放纵自己，为所欲为，在道德上出现迷失，容易导致自我约束力的下降。

第四，当青少年在现实社会中与人交往受到挫折时，转向虚拟的网络社会寻求安慰，消极地逃避现实，这对青少年的自我人格塑造是极其不利的。

第五，青少年一旦沉溺于网络世界，长时间面对计算机，日常的生活规律完全被打破，饮食不正常，体重下降，睡眠减少，身体也变得越来越虚弱，严重影响身体发育。

第六，长时间的迷恋网络势必会造成学习精力不足，并且渐渐地对学习失去兴趣，致使学业不佳，越来越厌学、行为偏差。另外，学习困境会导致情绪失调，这些和身体抵抗力的下降会形成恶性循环。

第七，诸多因青少年迷恋网络引发的恶性事件不断出现在新闻媒体的报道中，因网瘾导致自杀、欺骗、猝死、强奸及家庭暴力的事件时有发生，令人触目惊心。

三、青少年网络成瘾的现状

青少年是"网络成瘾综合征"的高发人群。心理学家曾经做过相关的调查研究，发现至少有 14% 的在校学生符合网络成瘾的标准；而在中国大陆，青少年网络成瘾问题也日益严重。

据民盟北京市委提交的报告，北京市中学生网络成瘾者约有 13 万多人，占 14.8%。据北京市 150 多位政协委员历时 4 个月完成的调查报告显示，中小学生上网达到 81.3%，有七成学生网民沉湎于网上聊天，有四成多经常光顾色情网站，互联网成为一部分青少年名副其实的"电子海洛因"。

四、青少年网络成瘾的原因

（一）网络本身的特点容易诱发青少年网络成瘾

第一，网络是个虚拟的世界，信息快捷，内容丰富，其容量犹如一个取之不尽、用之不竭的图书馆。但与图书馆相比，其信息的排列是没有规律的，没有严格的筛选。

第二，网上人际互动行为的方便、及时、匿名等特点。上网者可以很方便地在同一时间与世界各地的不同肤色、不同年龄、不同文化背景的人进行交往。他可以以真实的身份出现，也可以以一个新创的人格面具出现，这个面具可以与他的真实的性格相差甚远，甚至完全相反。所以，这些特点深深吸引着众多的青少年网民。

（二）与青少年自身的特点有关

青少年正处于青春期，他们的身体在成长，而此时他们的求知欲也十分旺盛，他们思想活跃，喜欢接受新事物、新思想。他们喜欢幻想，喜欢追逐潮流，喜欢标新立异，渴望展示自己。但又缺乏分辨能力，容易产生错误的认知。自控能力也比较差。特别是随着青春期的到来，性的成熟、性意识的觉醒，对青少年心理过程和个性心理发展的各个方面具有极大的影响。

（三）经历了或正在经历着巨大的环境压力

经历了或正在经历着巨大的环境压力也是容易导致青少年网络成瘾的重要因素之一。调查表明，网络成瘾的青少年很少将网络作为搜索信息的工具，而是在网络上寻找生活中难以得到的社会支持，寻求性的满足或利用网络创造新的人格面具。网络成瘾的青少年，很大一部分在现实生活中经历了或正在经历着来自学校的、社会的、家庭的和人际交往等方面的巨大的环境压力，比如：在学校没有可以交心的同学，内心孤独或被同学歧视；家庭不和睦，甚至父母离异；学习感到力不从心；父母对孩子的期望值过高等。网络是他们满足需要的一个工具。

（四）青少年网络成瘾与社会环境有关

如今，计算机已是人们生活的必需品了，网络更是人们工作、学习所离不开的有用工具。随着人们对上网需求的增加，网吧随处可见，而许多网吧经营者为了增大诱惑力、吸引力，赚取黑心钱，故意下载、存储一些渲染武打、暴力、色情的游戏和影视片，专供未成年上网者观看、浏览，还为他们提供包宿的单间、食品，使涉世未深的青少年面临前所未有的诱惑与危险。

五、青少年如何预防网络成瘾

多数家长和学校处理网瘾问题的普遍方法是绝对禁止学生上网，但这一方法不能从根本上解决问题。我们生活在一个信息化的时代，计算机网络的运用已经很普遍，网络的丰富便捷性更为人们的生活增添了许多姿彩。因此，青少年应发挥自己的内在潜力，主动预防网络成瘾。

第一，青少年应认识到网络成瘾的危害。一旦陷入网络的泥潭，将给自己的学习、生活、成长各方面造成难以估量的损失。

第二，青少年应理清思路，树立成长目标。认识到什么是对自己成长有利的，什么是没利的甚至有反面影响的。一个人应该有梦想和理想，问问自己究竟想要什么？通过什么样的途径才能实现？网瘾对你的梦想有帮助吗？经常问自己，为自己树立明确的成长目标，制订学习计划，并经常检查自己的行为是否对于目标的实现有促进作用，这样，你就会有能力来拒绝网瘾。

第三，青少年应注意拓展学习之外的生活空间。为自己创造户外活动的机会，让自己在大自然或社会活动中成长。比如积极参与校园各种社团，如文学社、心理健康教育协会、志愿者服务协会等。

第四，学会正确地使用网络。利用网络来学更多的东西，做有意义的事情。培养自己的网络识别能力，自觉抵制网络的不良影响，同时学会控制自己的上网时间。

第五，培养自己的自信心。青少年要认识到网络只是生活中很小的一部分，应把大部分时间和精力放在对自己成长有帮助的事情上，发现自己的优点、特长并加以发展，增加自己的成就感。

六、帮助青少年走出网络成瘾

家庭教育、学校教育和社会政策保障三者结合形成的社会效应，是扭转青少年网瘾的关键。那么对上网成瘾的孩子该采取怎样适当的家庭教育呢？不同的孩子虽然上网成瘾的原因有所不同，但作为家长，首先要转变传统的家庭教育观念。处于青春期的孩子拥有成人感，他们渴望能与家长进行平等的对话，而多数家长通常对青春期的孩子采用对待儿童的态度，从而造成了与孩子间沟通的障碍。父母不能只把问题的原因归结到孩子身上，也应当从自己身上找原因。

此外，心理环境对走出网络成瘾也有较大的帮助，对此，心理专家也给出了很好的建议。

（一）与青少年平等对话

家长的教育方法有问题，是导致青少年上网成瘾的原因之一。青少年也是需要被尊重的，在生活中，家长应尊重孩子的意见，不要用居高临下的态度与孩子说话，应将自己摆在一个"参谋"的位置上。在作出与孩子有关的决定时，应多引导孩子发表看法，家长则以建议的形式将自己的决定告诉孩子，最终应让他们自己作出判断。同时，在引导孩子自我决策时，家长也应设立一个教育底线。比如，可以给孩子设立一个上网时间段，但前提是他们必须完成学习任务，比如老师布置的作业或家长的考核；在管理孩子上网时，家长应结合孩子的个性和爱好，跟他们一起聊聊网上的轻松话题，将他们的兴趣引到一些有利于孩子成长的网络信息上来等。

（二）鼓励孩子与同龄人交流

多数上网成瘾的孩子都是在网上玩游戏，严格来讲，计算机游戏本身只是一种科技产品，至于是用它来放松身心，还是沉迷其中，都在于使用者本身。因此，对待青少年上网成瘾现象，应以预防为主。家长和老师都不应强行排斥孩子接触网络，这样反而会激发他们的好奇心理和逆反心理。应在有效的监管下，引导孩子正确使用网络，将他们在网上单纯玩乐的兴趣转移到对这一科学技术的兴趣上来。

对于已经上网成瘾的孩子，家长不要急切地逼着孩子迅速扭转，而应给他们一个自我觉悟和转变的时间。在这一调整过程中，家长应根据与孩子沟通的程度、孩子对家庭教育的接受程度及时进行反思。如果家长感到孩子自控力不足，或无法找到家庭教育的障碍时，可求助于心理咨询师、教育专家这类专业人士来对孩子进行指导，鼓励并设法为孩子营造出与同龄人现实交往、展现自我的交流环境。当孩子逐渐产生改变自我的想法后，便可以结合孩子的兴趣，引导他们培养另一个兴趣点。

同时，迷恋上网的孩子通常在现实生活中存在不愿与人交流、对网络以外的事物反应冷淡、情绪不稳定等现象，对这类孩子最好的方法是为他们建立一个全新的、相对独立的转变环境。家长可让孩子参加一些夏令营、素质培养班之类的同龄人团体，让他们在无法接触网络的环境中，在老师的引导下试着与人交际，尝试体验网络以外的同龄人群体游戏的乐趣，使孩子从虚拟的网络世界中摆脱出来。

（三）培养孩子爱好，转移兴趣点

常听到很多家长反映，为什么我的孩子大道理都说得头头是道，可就是偏偏知错而为，其实这是青春期孩子的正常反应，这个年龄段的孩子会模仿家长的说教，但却并不能理解其中深远的内涵，他们更关注的是眼前快乐与否和得失。家长要让孩子感受到自己的温暖和爱心，应首先明白这个道理。当孩子沉迷网络后，家长不应采取放任或暴怒的极端方法，而应以包容、客观的态度。家长可在生活中对孩子的一些积极行为给予肯定，对孩子的不良行为进行淡化，对孩子的爱好和特长进行有意识的培养，满足他们的好奇心和求知欲，有针对性地把他们对上网的兴趣扭转到生活和学习中来。

（四）改善环境心理治疗

那些性格内向、焦虑倾向严重、不善于与人交往的学生患上网络成瘾症的几率较大，一些自律能力较差的学生也会不知不觉地染上此症。

为此，专家开出了对症的"药方"：一是学校要为学生创造实现自我价值的环境。目前高校不少学生是从大一就开始患上了"网络成瘾症"的。因为他们进入新的学习环境和人际交往领域后，一旦不合群而产生失落感，就往往以网络为寄托。因此，高校对大学新生，要特别关注他们的这一转型期，帮助他们解决各种困难，鼓励他们利用课余时间为社会服务，或参加勤工俭学活动。二是自己一旦上网成瘾，应该尽快寻求心理辅导。"网络成瘾症"常常与某方面的心理缺陷有关。有的学生渴望胜人一筹，但在现实生活中难以实现，便到网上寻求心理补偿；有的在人际交往中遇到问题，不知所措，便向网友倾诉，但根本解决不了实际问题。对这些心理缺陷，应该对症下"药"，给予治疗。

第三节　网络交友要慎重

案例

小陈在网上结识了一位网友，对方比小陈大几岁，长相不错，自称在省会一事业单位上班。双方第一次见面，小陈对他便有了好感。之后的日子里两人时常见面，对方也表现得很有素质，很讲礼貌，两人在外吃饭，对方几乎不让小陈付钱。在小陈眼里，对方诚实、完美。后来，对方总表现得"困难缠身"，小陈几次欲帮助对方，都被回绝。这让小陈对对方的人品更加佩服，将其视为可以完全信任的朋友。

9月中旬的一次见面时，对方表现得坐立不宁，且看上去情绪沉闷，询问之下，对方称"父亲生病住院，住院费用不够，缺3000元钱"。小陈家庭条件很好，当天就在银行取了3000元钱给了对方。小陈几次欲去医院探望对方的父亲，对方却坚决不肯。之后，对方又以此理由先后两次从小陈手里拿走4000元钱。然后，对方便一点消息也没有了，手机也无法接通。小陈找到医院，结果发现近段时间根本就没有这样一个病号住院。小陈又联系到对方自称任职的单位，被告知根本就没有这样一个人。

网络聊天交友是一种非常普遍的现象，从来没有一种通信工具像互联网络这样为人们提供广泛联系的可能性。只要有一台联网的计算机，你就可以足不出户与远在地球上其他地区的网友们联系，就像与邻人聊天一样方便。然而，由于网络在某种程度上是个虚幻的世界，网上聊天室的进入者多且杂，也有很多人利用网络聊天交友进行不法活动，社会阅历浅的青少年在其中很难辨明好坏是非，容易上当受骗。所以，青少年在上网聊天时，一定要提高警惕，谨防网络聊天陷阱。

一、青少年为何网上聊天交友

现今的大多数中学生都是独生子女，在心理情感上较为寂寞和孤独，他们想拥有更多的亲朋好友，渴望有人可以倾谈。而随着互联网的发展以及计算机的普及，越来越多的中学生有了上网的条件，网上交友成为可能。很多在现实生活中不能说的话，可对"网友"一吐为快，可以解除积压心头多时的情绪。这对于这些正处于"心理断奶期"的青少年来说，具有非常大的感情诱惑力。

二、网络聊天交友的好处

网络聊天交友不应该被完全地否定，适当且正确的网络交友其实存在着不少好处。

网络上也能够交到朋友，在彼此相识相知后，也许会成为生活中的益友。能够相互促进，激励我们不断进取。

网络上结交的朋友具有一定的隐蔽性，距离一般都比较远，而现实生活中的朋友大多都是在学习、工作中结识的，在日常生活中难免会有利益冲突，当出现利益冲突时，就不免会自己打些小算盘，人和人之间就会产生隔膜，进而相互猜忌、怀疑、不信任。说朋友间多么亲密无间，都是有限度的，人和人之间的隔阂是客观存在的。

由于与网友的实际联系也不那么紧密，所以可以推心置腹，不用担心别人知道了太多的信息而影响自己的现实生活，很多情况下免去了向熟人吐露心声的尴尬，人们通常能够在网上聊天时畅所欲言，宣泄情感，调整情绪。这也就使得网友之间的交流更加真心，更有诚意，网友提出的建议也常常被看做是真正为自己着想的。这个和写信的道理差不多，有些当面不好意思说出来的话用书面的方式表达就会比较顺畅，网络的作用也是相似的。当然，不只是素未谋面的网友，即使是在现实世界中很熟悉的朋友，有些时候也需要通过网络来沟通和交流。

另外，有的人由于性格的原因，愿意与他人保持一定距离，不喜欢过于亲密的关系，也不希望别人过于深入地了解自己。但是需要与他人交流沟通，在这种情况下，网络就成了最好的选择，网友也就成了他们最喜欢的朋友。当彼此之间的信任建立起来后，他们就能感觉到远处有一个人正在面带微笑地注视着自己，用充满鼓励和赞赏的目光看着自己，这种力量对于人的激励是其他人和事物不能替代的。

三、网上聊天交友的隐患

不可否认的是，网络聊天交友的确存在着许多隐患，聊天过度、盲目信任网友等缺少自我保护意识的做法，很容易造成不良后果。

（一）出现心理危机

在网上，人们可以"匿名进入"，网友之间一般不发生面对面的直接接触，这就使得网络交友比较容易突破年龄、性别、相貌、健康状况、社会地位、身份、背景等传统因素的制约。部分网友在网上交流时，经常扮演着与自己实际身份和性格特点悬殊甚至截然相反的虚拟角色。在这种情况下，很多网民面临网上网下判若两人的角色差异和角色冲突，极易出现心理危机，甚至产生双重或多重性人格障碍。

（二）出现信任危机

网络虚拟化的人际交往方式使得许多网民往往抱着游戏的心态参与网上交往，致使网上出现严重的信任危机，分不清真与假。与此同时，一些网民在现实生活中遇到挫折时，又会采取"宁信机，不信人"的态度，向网友倾诉以获得心理安慰。由于他们始终沉溺于虚拟世界，不愿直面现实生活，因而更难以解决现实中的问题。

（三）造成人际情感的疏远

网络的全球性和发达的信息传递手段，使人与人之间的交往没有了空间障碍，同时也使现实社会中人与人之间的情感更加疏远。虽然网上虚拟交往可以帮助人们解脱一时的现实烦恼，找到一时的情感寄托，却不能真正满足活生生的人的情感需要。因此，有些人由于过分沉溺于虚拟的网络世界，往往会对现实生活产生很大的疏离感。

（四）易上当受骗

网络毕竟是个虚拟世界，加之中学生阅历浅，涉世不深，是非鉴别能力有限，在"聊天"、"交友"中易被"花言巧语"诱惑，成了一些图谋不轨的"网友"利用的对象，更有一些女学生因"网恋"而遭受身心伤害。这在近年来频频发生的网友见面遭抢劫、遭强奸的案例中显现得尤为突出。

　　网上交友的行为本身没有错，处于成长期间的少男少女，不能轻易相信"网友"而沉溺在网络的虚拟世界里，要注意处理好网上交友与学习的关系；同时，要勇敢地面对现实，交现实中的朋友，和身边的家人、老师或同学一起解决生活中面临的问题，慎防结交网友不当而受到伤害。

四、如何对待网络聊天交友

　　尽管上网聊天交友有许多弊端，但是为了避免伤害而完全不去触碰它也是不现实的，因此，全面认识网络聊天的利弊，增强自我保护意识，用健康的心理和良好的心态去对待它才是正确的做法。

（一）保持头脑清醒

　　青少年对待网上的朋友要理性，在结交网友时要保持头脑清醒。在网络上，只要你愿意，总能够找到志同道合的朋友，无论彼此距离多远，都能够相互联系。应该明确的是，网络空间和现实生活是两个截然迥异的世界，网络空间促进了人类社会的发展，我们不应该拒绝它的存在，但是它不能够取代现实生活。这就要求现实中的人要想保持健全的人格，就必须处理、协调好网络生存与现实生活的关系。在这种情况下，通过何种途径、用什么方法调节自己的心情，倾吐自己的心声都面临着一定的选择，必须要保持冷静和清醒，要理智地选择对象。如果选择了网友，那么就一定要有适当的自我保护意识，例如，不要轻易把自己的信息透露给对方，不要对其表现出极端空虚、孤独和无助。

　　一旦发现对方有不良动机或企图，要立即停止与其接触。在网上长时间与网友交谈，容易产生一种依赖，尤其是彼此的了解不深入，双方都有极大的想象、猜测的空间，共同的话题、共同的兴趣爱好容易让人把对方想象得过于完美。在这样的情况下，一定要客观冷静地认识到对方的不良企图和动机，并要果断地做出决定，这就需要青少年们具备清醒的头脑和足够的理性。

（二）多在现实生活中与人交流

有很多沉迷于网络聊天的人，都是在现实生活中与人交往困难，时常感到孤独的人。网友确实可以给予你悉心的开导、真诚的建议，但是现实生活中遇到的问题还是需要现实世界的朋友给予帮助解决的。网友只不过是朋友的一种形式，不可能是全部，长期留恋网络，依赖网上的朋友，会让人产生漂移感和无归宿感，不仅不能缓解孤独，还会加剧这种孤独感，有时甚至对现实世界产生排斥。这些是不利于人在社会中的生存和发展的。社会是实实在在存在的，人和人的交流方式还是应当以面对面为主，所以青少年应当加强自己的人际交往和与人沟通的能力，沉溺于网络不仅不能够改变现状，还会扰乱你的正常生活。

（三）网友见面须慎重对待

网络是个虚拟的社区，网络中的人呈现出的往往都是善良友好的一面，网友们发布的各种信息也有许多是虚假的，例如年龄、性别、个性，等等，都可以是与现实不一致的。一般来说，如果网友仅仅局限在网上，那么其导致的不良后果与一般的网络成瘾症没有什么区别。网友之所以成为话题被提出来，很大一部分原因是因为他已经不局限于网络上了，网友见面使其受到了人们的关注。因为网友见面而上当受骗，甚至遭受不法侵害的案件屡屡发生，所以在决定与网友见面前一定要经过慎重考虑。

网友见面的方式大致来说有两种，一是单独见面，二是群体聚会。如果你决定要去见你的网友，但对对方不熟悉、不了解，那么见面时最好带上自己的好朋友；在选择见面地点时不要选择那些自己不熟悉或完全没有去过的地点；出发之前，一定要让家长和朋友知道自己的去向；与网友见面后，要注意对方的言行举止，判断对方的意图，并作出适当的反应以保护自己。

（四）家长和学校要加强对青少年的教育

青少年迷恋网络聊天有一部分的原因来自于缺少正确的引导和教育，

对此，家长和学校应适当加强网络安全教育，并且应当在精神上给予青少年更多的关心。

随着人们生活水平的提高，几乎家家都有计算机，大多数青少年是从小时候开始就接触计算机，加之现在都是独生子女，青少年很容易处于与外界隔离的状态。由于诸多原因，父母不能够时刻监督孩子的上网状况，时间长了，孩子就养成了对计算机的依赖，特别是现在网络发达，孩子与他人交流的欲望和冲动能够通过网络得到满足。一旦这种满足感成为习惯，孩子对现实世界中的人的信赖远远不如对网友的信赖，这就势必造成孩子更愿意对网上的朋友吐露心声，而不愿意和家长沟通。所以，作为家长不能忽视网络对于家庭成员之间情感沟通的阻碍，要充分地与孩子交流，注意孩子的举动，了解他们在网上都做些什么，要指导孩子科学合理地利用网络，指导他们合理地安排上网时间。

另外，网上丰富的信息有些是有用的，有些会起到不良导向，家长和老师应当指导青少年识别虚假信息，排除有害信息，帮助他们正确对待上网以及网络聊天交友。

第四节　"甜蜜"的网络恋爱

案例

晓雯，16 岁，与一名男性网友发生网恋，并且沉迷于此，无法自拔。2004 年 8 月，在她强烈要求下，与网恋对象直接见面。会面中对方明确表示不可能继续发展，晓雯因无法接受这一事实，遂产生轻生的念头，并于当晚在家中割脉自杀，幸被其家人发现，及时抢救，才避免了悲剧的发生。

网络恋爱，浪漫而又神秘，但它是虚幻的，看不见，摸不着，不过是望梅止渴，画饼充饥。网络恋爱带来的一时的甜蜜却不可避免地对日常生活带来不利的影响，有的甚至在背后隐藏着诈骗和危险。青少年对于爱情和异性有着憧憬和幻想，更容易陷入网恋之中。

一、网恋带来的危害

（一）网恋人多而成功率低

网络群体以青年为主，而且青年群体认同感很强，跟风的结果导致了网恋在该群体中的流行。面对越来越多的网恋现象，年轻人持什么态度呢？调查显示，65%的受访者对网恋持中立态度，既不明确表示反对，也不公开表示赞成。而对网恋明确表示赞成（12%）或反对（24%）的都是少数。据有关部门在学生中抽样调查显示，95%的学生认为网恋没有爱情，但35%的学生经历过网恋。91%的学生不看好网恋，但与之相矛盾的是63%的学生表示，如果有机会，愿意尝试。其中，认为缘于空虚寂寞占56%，距离产生美占39%。14%的学生经历过1次网恋，21%的学生经历过2—3次网恋。

但对于网恋是否有可能成功，受访者的回答分化较大：8%的被访者认为"十分可能"，认为"有一点可能"和"不确定"的分别占到36%、28%，另外还有25%和4%的被访者选择了"不太可能"和"绝对不可能"。乐观者认为，网恋更注重思想的交流，心灵的沟通，建立在此基础上的爱情应该更加牢固，成功的机会也比较大。而悲观者则认为，网上聊天是网恋初期相对单一的了解方式，这种方式使双方缺乏实际的真正的接触和了解，因此，很不容易成功。

（二）网恋改变价值观念

网恋是人际交往的一种新变化，是人们一种新的生活方式，它的出现同样也会带来这样那样的问题。那为什么很多网友却依然看好网恋呢？仔细分析下来，主要是人们的价值观念变了，在过去，一件事情不是好就是坏，不可能有第三种情况。而现在人们普遍认为好坏、对错相互交叉，没有绝对的界限。年轻人对于新鲜事物的好奇心理激发他们希望尝试一些边缘行为。根据调查，现今的年轻人对网恋表现了相当大的宽容，多数受访者表示，这是个人的选择方式问题，不会干涉或评价。

（三）网恋可能造成人格分裂

有关调查还发现，网恋大多数来自城市。可能经济相对发达地区的年轻人上网时间更长，对新兴事物有较少的排斥心理，网恋也就更有可能。

从事心理教育研究的专家通过分析，发现网恋包括游戏型、感情寄托型、追求浪漫型、表现自我型、追求时尚型、随波逐流型等多种心理类型。而不管是哪一种类型，几乎都具有一个共同特点：把网恋视为一种网络游戏及在网上进行网络情感交流，"不仅可以把现实社会的种种规则完全抛开，而且可以模糊性别和身份，把所有的事情都当作游戏。"专家认为，进入网络时代后，无形的网线开始取代月老的红线，许多未曾谋面甚至远隔重洋的男女，通过网络相识、相恋，不足为怪，但切忌把网上爱情视为生活的追求。调查表明，已有一些年轻人中午、晚上不休息，加班加点在网上谈恋爱，不仅严重影响学习或工作，而且性格容易变得孤僻，甚至造成人格分裂。

二、网恋的五种心态

（一）超越型

现实生活中的爱情往往带有许多功利主义的色彩，或者受传统观念的约束，许多理想主义者幻想在网络上能够有超越一切的纯爱情。带有此类心态的人往往很容易在网络上坠入爱河，不能自拔。

（二）超脱型

现实生活中爱情往往不可避免地与婚姻联系起来，这大大限制了人们对情感、美好生活的向往。而在网上可以爱得死去活来，但不必非得娶或嫁对方。

（三）游戏型

有些人只是想在网络上体验一下交友的感觉，他（她）们既无意于真诚地爱一个人，也无意于对自己的言行负责，他（她）们追求的只是一种感觉。带有此类心态的人往往比较潇洒，不必担心被爱情这把双刃剑刺伤。

（四）实用型

由于网络具有影响广、时效快、手续简便等特点，很多有意于寻找终身伴侣的人把网络作为一种手段，或者说作为一种实用工具。带有此类心态的人往往会主动挑明自己的条件和要求，因为他们不想浪费时间。

（五）恶作剧型

有些人以在网络上勾引异性为乐事，当他们成功地勾引到一个异性，使对方爱上自己时，就悄悄地退出，对方越是痴情，他们越是有快感。

三、网恋为什么容易破碎

（一）不真实或欺骗

这是网恋失败最重要也是最常见的原因。尽管现实中的恋爱也有欺骗行为，但是网络中更加虚幻，更加隐蔽，也更加容易得手（比如有更多机会可以接触到更多幼稚的人群）。所以，那些打算骗财、骗色，因为空虚而骗取他人感情的人群，更多的将目标投放到网络上，故而造成了网恋中的种种极端悲剧。新闻报道也常常提醒大家小心，这是十分必要的。

（二）满足感衰竭

网恋刚开始的时候，双方会得到强烈的满足感，他们会认为自己找到了梦寐以求的知己，甚至觉得此生无憾了。这种满足感来自于自己真实情感的倾斜和对对方心灵的认知，但是倾诉也需要有限度，而彼此对对方的了解也是有限度的，所以这种满足感不是可以无限获得的。久而久之，双方就会开始思考自己花费大量时间和网络上的"情人"进行那种不实际的恋爱是否还有意义，到了最后，大多数人还是会选择放弃。

（三）故意掩盖缺点

网络中，双方不自主的互相展示个人的优点，而潜意识地将缺点掩盖，造成了对方十分完美的假象。而现实社会中，本就没有完美的人，网络中期望太高，到了现实中故而失望，认为对方是在欺骗，于是忘了对方的好，便以失败而告终。

（四）自由选择权

由于人们网上扮演的角色有极大的自由度，不存在法律和传统伦理的约束，所以网络是一个责任感比较淡化的世界。举个例子来说，在现实生活中，与自己的女友或是男友分手是一件十分折磨人的事情，但是在网上，你只需要更换一个网名，一切问题都能够解决了，而且再找一个女友或者男友也并不是什么困难的事情，因此，网络恋爱没有了责任感的维系，十分脆弱。

（五）空泛性

网络恋爱的确无比浪漫，但是它缺乏一个坚实的内在，所以它常常转瞬即逝，华而不实。网络情人之间相互的信任主要取决于对对方心灵的认识，但是同时也仅限于此，至于对方的长相、性格特点等都不了解，所以很多网络恋人之间见面后就会选择放弃。

另外，在现实生活中恋人相互之间闹矛盾后，都会试图挽回，但是在网络空间中，这种挽回的努力会被弱化很多，因为彼此之间的承诺并不牢固，仅是听起来异常动人罢了。

（六）缺乏安全感

人们都是缺乏安全感，怕受到伤害的。如果没有十分的把握，越真心，越投入，对于未知的事物，也就会越恐惧。恐惧是因为怕受到伤害，怕对方不确定，怕未来不确定。同时，对于对方给予的感情，和对自己的不确定性（由于恐惧导致），也会感到深深的内疚。由于网络的虚幻，网络的不真实，好像一切就像在梦里。看到种种负面报道，面对自己的不自信，生怕美梦破灭，于是选择逃避，将美好的梦境深藏心底，因怕会醒，会破灭，而不敢去实现，不敢去碰，所以最终选择逃避。

第五节　网络游戏的陷阱

案例

一天下午，17岁的小斌在父母的催促下背上书包"上学"去了，与往常一样，他没有去学校，而是去了附近的网吧，继续玩他的网络游戏，这是他逃课后必去的地方。

其实，自从开学一个月以来，小斌一直都没有到学校去上课，网吧的老板和附近的网民每天都能看到小斌到这个网吧玩网络游戏。但是他的父母却每天看着他"按时背着书包去上学"，晚上也都按时回家。

下午5点多，仍然坐在计算机前玩游戏的小斌忽然"砰"的一声，向后倒在了椅子上，双手不停地抖动，口中喘着粗气。旁边的人看到后立刻叫来网吧的老板，网吧老板见状急忙叫来附近社区诊所里的医生。医生赶到后立即为小斌听诊把脉，可是已经听不到心跳了，脉搏也没有了。小斌随即被送往医院，经检查，医院宣布小斌为临床死亡。

小斌的父母说，儿子的身体相当强壮，从小到大都没有住过院。在死前的一个星期，小斌说他胸口痛，住了四天医院，可是什么毛病都没有检查出来。小斌的父母悲痛万分地说："是网吧害死了我儿子！是网络游戏害死了我儿子！"

除了猝死，某些网络游戏带来的暴力倾向也会让青少年付出生命的代价。

1999年4月20日，科罗拉多州的哥伦比亚高中的屠杀事件震惊了全世界。18岁的中学生哈里斯和克莱伯持枪闯入学校里，疯狂地枪杀了12名学生和1名教师，造成23人受伤，随后，他们举枪自杀。模仿暴力电子游戏是造成惨剧的主要原因之一。

2003年3月的一个晚上，17岁的少年小胡在一家网吧里玩游戏，这种游戏十分残暴，就是拿刀去捅人，坐在他旁边的16岁少年小李也在玩相同的游戏。这时，小李看到小胡玩得不如自己，调侃式地说了一句："真菜！"小胡听到了大为恼火，于是两人便吵闹起来，争执中小胡随手掏出一把水果刀捅到小李身上，直接导致其死亡。

从上面的案例中不难看出，网络游戏对青少年身心健康的极大危害。但是现在，网络游戏对青少年有着强大的吸引力，很多青少年根本无法克制自己对网络游戏的喜爱，并渐渐"上瘾"，沉迷于此。

一、青少年为什么酷爱计算机游戏

首先，网络游戏极大地满足了青少年的某些心理需要。正如所有的"上瘾"行为都具有高峰体验和自我沉醉这两个过程一样，网络游戏也会带来同样的心理感觉，进而导致上瘾。那么网络游戏能够带来怎样的高峰体验和自我沉醉呢？青少年总是对未来充满了各种各样的遐想和期待，幻想着能够最大限度地实现自我价值，但在现实中，这是一条漫长而又艰辛的道路，而在网络游戏却大不相同，它能够提供一个实现自我的良好平台，尽管这样的平台仅仅局限在虚拟的网络世界里。网络游戏总会让人成功——玩网络游戏时，青少年能够有机会完成梦想着却无法实现的事情，如成为一个成功的君主，或是在枪林弹雨中成为战斗英雄，或是进入古代战争时代体会屠戮弱者的快感等。总之，网络游戏能够让青少年轻松地成就事业、创造传奇，从而形成一种高峰体验，然后整体沉醉其中。久而久之，便会产生类似"没有成功和传奇的世界是无聊的"等想法，一旦脱离了网络游戏带来的愉悦，就会觉得现实世界是暗淡残酷的，自己一无所有，从而开始感到焦虑、烦躁、不安，甚至绝望，于是又会进入网络游戏营造的成功的世界，无法自拔。所以，迷恋网络也是诱发网络综合征的重要原因之一。

其次，随着计算机技术的更新换代，网络游戏的制作也越来越精良，越来越广泛，画面图像的制作也越来越精美，即使一个完全不懂如何玩网络游戏的人，也很难不被这样一个无比华丽的游戏界面所吸引。加上网络游戏日益普及，玩家们在网络上也能够获得社会交往的需要，并可以随心所欲地创造出人们理想中的生活模式，青少年对这样的诱惑难以抗拒。

二、网络游戏带来的危害

（一）造成生理伤害

网络游戏对身体健康的伤害不是一下子就能显现出来的，而是慢慢积累让人难以察觉，但一旦爆发便足以让人终身后悔。一般来说，网络游戏带来的疾病主要有以下几种：

1. 干眼病

玩网络游戏要聚精会神地盯着画面，而长期盯着计算机屏幕，会造成视网膜上的感光物质视红紫质消耗过多，如果没有及时补充其合成物质维生素 A 和相关蛋白质，则会导致视力下降、眼痛、怕光、流泪、暗适应能力降低等病症，也就是俗称的"干眼病"。

2. 颈椎病

长时间一个姿势对着计算机，使颈部肌肉一直处于强直的状态，血液循环不畅，从而导致颈部疾病。得了颈椎病之后，会影响大脑供血，出现头晕等症状。

3. 腕管挤压综合征

玩网络游戏过程中，手的使用十分频繁，长期如此会引发"腕管挤压综合征"。腕管是腕掌部的一个较大的管道，由骨和韧带组成。正常情况下腕管被肌腱和神经占满，很少有空隙，任何原因的挤压都会刺激肌腱和神经，出现手腕、拇指、食指及中指的麻木和疼痛。对于经常接触计算机尤其是经常使用键盘操作计算机的青少年来说，时间一长就可能患上"腕管挤压综合征"。如果长期置之不理，还可能导致神经受损、手掌发黑、肌肉坏死等严重后果。

4. 脑损伤

计算机发出的电磁波长期辐射青少年的大脑，会对大脑发育产生很大的不良影响。如果是在网吧里上网，多台计算机还会有积累效应，长时间在网吧上网，积累的辐射可导致严重的脑损伤，导致头痛、脸痒、失眠、厌食以及情绪失落等症状。

此外，还容易引起植物神经紊乱，体内激素水平失衡，使免疫功能降低，引发心血管疾病，胃肠神经官能病，紧张性头疼、焦虑、忧郁等，甚至可以导致死亡。

（二）造成心理疾病

网络游戏具有虚拟性、隐蔽性和交互性等特点。在网上虚拟社会里，青少年能够做很多现实社会规范所不允许的事情，比如结婚、杀人、随意骂人等。因此，那些在现实生活中产生挫败感、不能很好适应的青少年很容易就会到网络游戏的虚拟世界中去寻求解脱，因而使自己世界观、价值观的形成和取向都受到影响。当他们适应了网络游戏的虚拟社会再投入到现实社会中，就会发现自己和现实社会有太多的不适应。长此下去，青少年就会逐渐逃避现实社会，产生自闭等心理疾病。

（三）影响青少年学业

青少年心智尚未发育成熟，容易被网络游戏所诱惑，沉迷其中不能自拔。上课精神恍惚，注意力不能集中，甚至不惜逃学，整日泡在网吧，荒废学业，辜负了家长对孩子们的满腔期望。而多数网吧老板为了自己的经济利益，毫不顾及自己的行为对青少年生长发育的影响，尽可能为他们提供着各种方便。

（四）产生暴力倾向

目前，很多网络游戏中充满着许多暴力、帮派和色情的画面。沉溺于暴力游戏的青少年分辨不清虚拟世界与现实生活的界限，很可能错误地认为这种通过伤害他人而达到目的的方式是合理的，因而使自己在潜移默化中具有了暴力倾向。在现实某些生活中的青少年凶杀案件中，凶手使用的凶器、杀人的过程等都与游戏中的情节一样，这足以证明网络游戏对青少年产生的不良影响。

（五）影响青少年品行的发展

由于青少年好奇心强，是非辨别能力差，对游戏中的不健康画面缺乏抵抗能力，很容易受其影响，违反公众道德，对社会造成不同程度的危害。为了有钱上网玩游戏，有的学生没钱了就去偷，有的偷父母的钱，有的偷老师、同学的钱，严重的可发展到行骗、拦路抢劫等恶劣行为，严重影响着青少年品行的健康发展。

三、"网络中毒症"

玩网络游戏上瘾的人有一些特征表现，被戏称为"网络中毒症"。如果你是个酷爱网络游戏的人，就必须提高警惕，要努力克制自己的游戏欲望。那么，"网络中毒症"都有哪些表现呢？

第一，悠闲过度，表现为即使有明确的任务也在表面上装作悠闲无事的样子四处走动。

第二，强迫性查看，表现为无论桌子、椅子、墙壁等等都要查看一下，到处进行这种没有意义的查看。

第三，赌博过度，表现为在游戏中的赌场上乐此不疲地赌博，赢了存入进度，输了就读取进度重新来过。

第四，强迫性收集，表现为一定要获得自己最喜欢的东西，并且为此穷尽所能。

第五，强迫性修炼，表现为玩任何游戏必须要练到一定的级数，并且以此作为资本向同伴们炫耀。而在生活中却从不锻炼。

四、远离网络游戏的毒害

青少年时期是人逐渐适应社会过程中最重要的阶段，青少年心理方面的弱点使他们容易进入迷恋状态，有的甚至会达到如痴如狂的程度，从而走向违法犯罪的道路。怎样远离网络游戏的毒害呢？

（一）自我克服

1.学习思想道德理论知识

青少年要学习思想道德理论知识，增强辨别是非的能力。科学认识网络游戏对个人成长的影响，只有摆脱迷恋状态才能使青少年逐步走向正常化。

2.培养多种兴趣爱好

合理安排学习、休息和娱乐的时间，培养良好的生活习惯。重视文化课程的学习，多参加一些有益于青少年健康成长的文体活动，如游泳、打球、下棋、绘画等，广泛培养自己的兴趣爱好，陶冶情操，从而分散对网络游戏的注意力。

3.听从医生及长辈的指导

青少年应该听从家长等长辈的教导，自觉远离暴力游戏。而已经陷入迷恋状态的青少年，可请心理医生专门诊断，分析心理障碍，根据具体情况及时进行矫正治疗，严重的可配以药物辅助治疗，把网络成瘾症和暴力游戏对青少年的伤害减少到最低水平。

（二）学校教育

为了减少青少年学生网络成瘾现象，学校在开设网络课程的同时，要对学生进行法制教育、网德教育、责任意识教育和自我保护意识的教育。充分发挥校园网的教育作用，引导学生把互联网作为学习知识、获取信息、培养创造力的工具。学校在宣传普及未成年人心理健康知识时，对青少年进行正确的上网教育，使青少年学生正确认识和使用互联网，成为网络的主人，让互联网活跃在青少年生活中，而不是青少年沉溺在网络生活中。

教师要关注学生的网上生活，教育学生学会选择，提高自控能力。对经常"泡"网的学生，教师要通过大量事实让学生认识到"泡"网的危害性，提高学生抵制不良影响的自觉性，同时进一步丰富学校的课余文化生活，经常开展适合中学生年龄特征的、内容健康而又趣味性强的文娱体育活动，把学生吸引到老师的身边来。教师要进一步端正态度、转变观念，正确对待那些上网成瘾的学生，要加倍关心他们，爱护他们，千万不要对他们揪住不放，更不可有成见。教师要有信心，相信中学生会接受我们的帮助和教育，告别网吧，热爱学习，珍惜生命。

（三）家庭教育

要加强家庭教育指导，提高家庭教育水平。家长在教育孩子摆脱对电子游戏的依赖性时，不应把打骂孩子看做制胜的"法宝"，而应对症下药、因病就医。家长对已经上瘾的孩子，让他们摆脱的有效办法，就是让他们在现实生活中找到自信，获得成功。经常鼓励和赞扬孩子的每个微小的进步和优点，帮助孩子实现某个计划，鼓励孩子改善与他人的关系等，让他在现实生活中体验到成功感和受重视感，从而摆脱对电子游戏的心理依赖。此外，还应多带孩子做户外活动，参加集体活动，满足他们玩耍和娱乐的天性，以此来提高他们抵抗诱惑的"免疫力"。

（四）社会教育

社会各界要为青少年创造优良的网络文化环境，把电子游戏作为一项文化产业。组织开发主题健康、情节生动、受青少年喜爱的电子游戏产品，防止不健康游戏的泛滥，加强电子游戏的管理。规范电子游戏市场，完善未成年人保护的法律体系，增加对未成年人的教育投入，扩大未成年人的课余活动空间等。

（五）网站管理

网站对实施正确引导负有重要责任。网站治理工作不是一时之举，而是长久之计，要反复抓、抓"反复"。对于变换手法钻空子、打擦边球的做法，要密切注意，出头就打，各网站要严格自律，诚实守信，传播先进文化，倡导健康文明的网络风气。重点新闻网站应发挥网络教育主力军作用，改进服务，创新形式，组织开展各种有益于青少年健康成长的网上思想道德教育活动。实践证明，既要积极防御，更要主动工作，才是有效之举、制胜之道。

五、避免网络游戏危害的建议

第一，在未满 18 周岁之前，请不要接触网络游戏。如果这时你已经是一个忠实的游戏爱好者了，你应当有所节制；如果你是一个有毅力的人，请你戒掉网络游戏！

第二，节假日从网络游戏中解脱出来，和你的家人、朋友一起去郊游。

第三，如果你暂时克制不住欲望，那么请每次玩游戏的时间不要超过2个小时，另外，不要在晚上10点以后玩游戏。

第四，如果你不是在家里玩游戏，请把地点和时间告诉你的父母。

第五，尽量不要玩暴力题材的游戏，学会认真地反省自己。

第六，不要在玩网络游戏这件事上对自己妥协，也许你曾经信誓旦旦地承诺你只会玩1个小时，但是大多数情况是，当你坐在计算机前，就把所有的承诺都忘记了。

第六节　网络不良信息污染

案例

2002年年底，南京市鼓楼区法院少年法庭就一起性质恶劣的强奸案作出判决，强奸一名14岁少女的7名青少年，分别被判处5—7年不等的有期徒刑。在案件审理过程中人们发现，这些青少年平时均痴迷网络，不仅上网玩游戏，还经常上色情网站，下网后还常聚在一起谈论色情下流的话题，并萌生跃跃欲试的念头，于是就发生了结伙犯罪的行为。其中有一名未成年人悔恨地说："其实我并不懂那些，是跟他们在一起上网学坏了，是网络色情及黄色光碟害了我……"

从层出不穷的新闻中不难看出，诸如暴力、色情等网络不良对青少年的影响是巨大的，也是极为应当引起社会和家长重视的。而作为青少年，在面对这些不良信息的诱惑时，你是否能够约束自己的行为是问题的关键。

一、网络不良信息的类型

网络不良信息，是指互联网上那些容易对人的身体造成损害，给人的精神带来污染，使人的思想产生混乱，让人的心理变得异常的垃圾信息，包括色情信息、暴力信息、反动信息、伪科学与迷信信息、诱赌信息、厌世信息等。这些信息大多具有粗鲁、庸俗、虚假、怪异、矫情等性质，其对未成年人的身心发育和健康成长十分有害。

（一）淫秽色情信息

即包含性内容的文字、图片、声音、动画等色情资料。网络信息传播在时间上的瞬间性和空间上的无边界性使得色情信息可以毫无障碍地传播。目前，淫秽色情信息已成为公众举报的数量最多的不良信息之一。未成年人出于好奇心往往会主动浏览、收集有关性方面的知识和色情内容，但他们缺乏对事物的辨别能力及自控能力，其生理、心理和思维尚处在发育和发展过程中，色情信息不仅严重影响他们的身心健康，而且会给他们的学习和生活带来许多障碍。

（二）暴力信息

即以一种非理性的方式宣扬喋血、斗殴、绑架、强暴、凶杀和战争恐怖等内容，让人丧失同情心，日益变得好勇好斗，为达到个人目的而不择手段的信息。网络暴力信息经常通过网络游戏得以传播。有资料显示，目前中国市场上销售的网络游戏中大约有95%是以刺激、暴力和打斗为主要内容的，游戏越"刺激"吸引上网参与的人数越多，其中有将近20%是未成年人。未成年人的心智还没有发育成熟，很容易被网络游戏所诱惑而沉迷其中、荒废学业，一些网络游戏甚至会使未成年玩家产生暴力倾向并诱发犯罪行为。另外，玩家在网络游戏中可以组建帮会、门派一类的组织，受此影响，一些未成年玩家在现实生活中也拉帮结派，甚至将虚拟世界里的恩怨带到现实社会中而打架斗殴。

（三）诱赌信息

与暴力信息一样，诱赌信息也是一种能够致人心理癫狂的非理性信息。在新颖刺激、变化多端的网络互动游戏的诱惑下，一些青少年很容易陷入嗜赌的心理陷阱。一旦沉迷于网络游戏中，青少年就会产生越来越强烈的心理依赖感和反复操作的渴望，这与吸食毒品成瘾极为相似。同时，长时间上网需要高额的费用，这极易使青少年想方设法甚至不择手段地去偷钱、骗钱、抢钱，造成严重的社会后果。

（四）伪科学与迷信信息

即以一种非科学的方式封闭人的思维、奴役人的精神、毁灭人的情感、扼杀人的尊严和自由的非理性信息。近年来，算命、测字、装神弄鬼等庸俗的"世风"逐渐感染互联网，一些机构和个人以种种在线娱乐和人生策划的名义，花样百变地开起了算命铺子。网络迷信和现实生活中的迷信一样，容易腐蚀人的思想、消磨人的意志、扼杀人的理想甚至左右人的行为，让人在不知不觉中形成消极的人生观。对于缺乏对复杂事物的准确判断能力、不能很好地鉴别精华和糟粕的未成年人来说，一旦长期接触这种迷信信息，就会把成功和失败看成是"命中注定"的，从而放弃努力，用消极的态度对待学习、生活和人生。

（五）厌世信息

就是渲染对人生的悲观情绪。未成年人面临着巨大的学习压力和社会压力，父母离异的孩子还要承受很大的心理压力。为了逃避这些压力，一些未成年人开始痴迷于"泡吧"。在网上悲观厌世信息的影响下，一些未成年人为了从现实生活中的烦恼和不快中解脱出来而滋生轻生和弃世的念头。近些年来，少女因失恋去寻短见、少年因学习成绩不好遭家长打骂而自杀等事件不断被媒体报道，可以想象，网上传播的曲解现实生活的厌世信息对此类悲剧的发生起到了推波助澜的作用。

在这五种不良信息中，色情、暴力这两种信息对青少年的危害是最大的，所以下面重点对这两种信息进行阐述。

二、网络暴力色情信息

网络的暴力信息和色情信息往往不能分开，所以这里放在一起进行讨论。

（一）网络暴力和色情泛滥的现状

势不可当的网络时代已经到来，网络上泛滥的信息中不乏有网络暴力、色情等丑恶的信息在不断蔓延，极大地扰乱了人们的视线，对青少年产生了极大的负面影响。

据有关调查显示，有 34.6% 的被调查网民公开承认自己曾经浏览过色情网站，4.9% 的被调查者承认"经常"去看。

北京市教委和北京师范大学教育系曾经针对青少年上网状况在北京市 6 个城区做过一次抽样调查，结果表明，有 22% 的青少年承认自己曾经浏览过色情网页。

大量青少年沉迷于网络暴力色情，首先与青少年自身的特点有关。一方面，处于青春期的青少年有强烈的好奇心，多数的好奇心和求知欲往往能够通过各种各样的正常途径得到满足，但对于性的问题却往往难以得到满意的答案。成人世界对性问题的封闭使青少年在好奇心的驱使下，反而诱发了对这方面问题的注意和追求，甚至是不正当的追求。另一方面，青少年正处于性发育阶段，心理和生理上都会发生相应的变化，这时如果得不到正确的引导，就很有可能被网络的色情内容吸引。同时，男性青少年体内雄性激素的猛增还使其在原始欲求上对于暴力刺激的潜在需求大大提升。

（二）网络暴力、色情泛滥的原因

1. 与网络本身的特点有关

（1）网络的虚拟性让广大青少年对其丧失警惕。网上的暴力只是一种虚拟行为，与现实中的暴力是不一样的，所以它并不会对参与者造成身体上的伤害，当然也不会追究参与者的法律责任，这就使青少年对网络暴力失去了警惕性。其实在很多情况下，虚拟世界的行为习惯很容易被延伸到现实世界中，这也就成为青少年暴力行为的诱发原因之一。

同样的道理，网络上的色情交易也与现实中的不同，大多是一种虚拟行为，这使网络色情交易看起来不像现实中那样危害重大，而且行为的虚拟性使青少年在很大程度上摆脱了羞耻感的制约。然而这样的想法其实只是一种自欺欺人的行为，例如，美国的调查显示，不少性暴徒犯罪前曾将其犯罪行为在网络上进行过多次演练，并最终在现实生活中上演；我国一项心理调查也显示，在网上接触过色情信息的学生，产生过性犯罪行为或念头的在80%以上。

（2）网络的开放性导致不良信息传播容易却监管困难。网络暴力色情信息的传播与宣扬暴力色情的书籍、视听读物有所不同，它不需要物质载体，而是通过数码的方式就能够传播了，而国际互联网又为其提供了前所未有的广阔销售空间。正因为如此，网络暴力色情内容的监管比其他扫黄打非更加困难，一方面，加强监管需要付出的成本是巨大的；另一方面，即使付出了巨大的成本，也不可能对互联网的每一个角落逐一盘查。监管的困难使暴力色情信息更加泛滥。

（3）网络暴力色情提供的刺激在缺乏正当缓解压力和郁闷的情况下起到了替代作用。现代社会给人们带来的压力越来越重，尽管物质生活十分丰富，却无法弥补精神的空虚。在这样的社会环境中，一些青少年希望通过某些方式来排遣孤独和抑郁，放松在现实生活中一直处于紧绷状态的神经，然而社会却没有提供合适的场所和方式，这时，便让网络上的暴力色情信息钻了空子。

2. 社会的责任

（1）商业网站唯利是图。这是暴力色情网站泛滥的经济根源。一方面，由于各种原因使暴力色情这种"商品"供不应求，这就让商业网站看到了可观的盈利点；另一方面，由于市场经济的道德体系还不是很健全，对网络缺乏监管，于是各种网站为了赚钱，纷纷抓住暴力和色情这两大卖点，全然不顾社会公德。

（2）学校德育教育、体育教育和生理健康教育的缺乏和落后。这是导致网络暴力色情信息泛滥的一个重要原因。对青少年进行正确的品德教育能够起到抑制青少年本能性质的暴力行为的作用，而适当的体育运动和体育兴趣的培养能够帮助青少年满足其身体本身寻求刺激的需要，但是学校在这方面的教育却是严重滞后的。

同样的，家庭和学校在生理健康教育尤其是性教育方面的空缺和落后，是青少年陷入网络色情陷阱的重要原因。处于青春期的青少年由于自身的特点，一方面有着很强的好奇心和求知欲，进入青春期后生理上又发生了变化，这就更加激发了青少年对于这方面知识的强烈好奇心；另一方面，由于青少年的社会阅历尚浅，对于是非的判断能力也不强，这时候最需要的就是适当的生理健康教育和心理健康指导，这些能够帮助青少年正确认识自身生理上的变化，并能够分辨网上各种信息的是非。然而，很多家长对于孩子提出的有关性的问题，总是采取回避的态度，学校也没有对性教育给予重视，很多学校在讲授相关课程时甚至直接跳过了性教育的部分。由于得不到适当的教育和正确的引导，一些青少年便落入了网络色情的陷阱而不能自拔。

（3）政府的监管措施有待完善。政府在对网络暴力色情信息监管方面的措施尚需进一步完善。网络本身的开放性特征使监管工作面临极大的困难，另外，互联网技术的飞速发展和监管措施的严重滞后是一个普遍的难题，这一问题如果不能解决，就无法保证网络暴力色情信息的传播者受到应有的惩罚。

（4）特殊的社会经济、政治、文化提供了机会。特殊的社会经济、政治、文化环境为网络暴力色情信息的传播提供了可乘之机。随着经济持续快速的发展，政治的稳定，人民生活水平也随之不断上升，同时，人民对精神生活的需求也有了很大的提高，然而，一直以来我国的精神文明建设速度相对于物质文明建设是较为滞后的，这就使得健康向上的精神消费品严重供给不足，这便为网络暴力色情等不良信息提供了钻空子的机会，并趁机抢占了青少年精神生活中大片的阵地。

（三）网络暴力色情信息污染的危害

1.妨碍青少年生理的健康发展

青少年正处在长身体的时期，长期沉溺于网络暴力色情信息，每天坐在计算机前的时间较长，会造成腰肌受损，视力下降，精神疲惫，且身体长期受到电磁射线的辐射，影响健康。有相关调查显示，目前1次上网时间超过3个小时的未成年人占40.8%，因为上网而感到很累、视力下降、爱睡觉的人占43.6%。

2.影响青少年的心理健康

长期沉溺于网络暴力色情的青少年容易患上"网络成瘾综合征"，会出现情绪低落、没有愉快的感觉，或是丧失兴趣、自我评价降低、产生自杀念头等精神问题。更严重的是，沉溺于网络暴力色情会阻碍青少年健康人格的形成，进而使青少年难以正确衡量社会对自己的要求以及自身应采取的行为方式；很难对周围的环境做出恰当的反应；处理复杂的人际关系会比较困难，常与周围的人甚至亲人发生冲突；缺乏责任感，经常玩忽职守，甚至超出社会的伦理道德范畴，做出违法犯罪或扰乱他人、危害社会的行为。

3.破坏青少年的想象力，妨碍其学业发展

网络暴力色情信息会导致青少年的思维方式扭曲，看待问题习惯从暴力和色情的角度出发，不能及时找到解决现实问题的正确途径。另外，沉溺在网络暴力色情中花费了青少年大量的时间和精力，造成青少年对学习失去兴趣，最终荒废学业。

4.引起社会道德风气败坏

网络暴力宣扬的使用暴力解决问题，长期接触这些暴力信息的青少年会逐渐失去同情心和慈悲心，法制和社会道德观念日益丧失。而色情信息则是强调人类性行为中的生物性，却忽视了其中的社会性，它着重渲染的是色欲，表述的是形形色色的性变态或性犯罪，会逐渐摧毁人们的道德伦理结构。由于网络色情传播的是一种扭曲的性资讯，严重影响了人们的性伦理、性审美和自我观念。从中获取信息的青少年往往更容易接受婚前或婚外性爱的观念，相当一部分人认为婚外性关系在表达爱情方面并不重要，甚至认为相爱的人克制性行为是"违反自然"的。

5.引起不正当的性行为，甚至是性犯罪

在网络色情的不正当引导下，青少年的性行为进一步呈现出低龄化、轻率化的趋势，性越轨、性犯罪现象继续成攀升趋势。有相关资料表明，目前中国青少年的犯罪中30%是性犯罪，网上不良信息是重要的诱因。

6.危及青少年的人身安全，甚至是生命安全

近年来，由于长期接触网络游戏而卷入暴力伤人、杀人事件的案例屡见不鲜，不少青少年因此而失去了宝贵的生命，给家庭带来了巨大的痛苦。同时青少年模仿网上的暴力行为在现实生活中进行暴力犯罪的案例也不断出现。另外，一些犯罪分子利用网络色情媒介与青少年进行"交友""网恋"，进而要求见面，借机夺取青少年财物或伤害青少年身体甚至是性命。

（四）暴力色情信息的传播途径

1.通过网络游戏传播

网络游戏大多以刺激、暴力和打斗性内容为主，在一些作战、格斗类游戏中，两方或者多方对垒，以消灭对方为目的，血腥、暴力的画面频频出现，网络背景和音乐将游戏渲染得美轮美奂，这些正好迎合了未成年人好奇、好胜和对英雄的崇拜心理。他们可以通过操纵游戏得到一种强烈的满足感和快感，并可以宣泄和释放因激烈的竞争而带来的内心压抑。

还有一些游戏是以色情为主要内容的，还有所谓的"True Woman Show"，能够让网上游戏的人观察女主角的所有私生活和性行为，然后按照观看的时间付费。

2.通过电子邮件传播

电子邮件的便捷性带来了个人通信的革命，但垃圾邮件的出现也造成了严重的社会问题。数量巨大的垃圾邮件违背了用户意愿，严重干扰了用户的正常通信，占用、浪费了大量网络资源，严重的甚至造成网络服务中断、干扰企业的正常经营。一些垃圾邮件中含有反动、色情、赌博、诈骗等有害信息，严重影响了正常的社会秩序，也妨碍了互联网的健康发展。对此，世界上不少国家采取了各种打击措施，我国也于2006年2月出台了《互联网电子邮件服务管理办法》，并启动了"阳光绿色网络工程"，但要根除垃圾邮件并不是一件容易的事。

3.通过网络论坛和聊天室传播

在网络论坛和聊天室里，发言人的真实姓名、身份、年龄、性别、地域、种族等都可以被隐去，可以无拘无束地表达自己的观点，毫无顾虑地诉说自己的心里话。正是由于网络论坛、聊天室交流的匿名性，这些地方成了虚假信息、污秽色情信息、反动信息滋生扩散的场所。有一项调查显示，网络聊天内容中充斥着各种不良信息，其中色情信息尤为突出。在公共聊天室采集的60234条信息中，色情信息占3%，而在私人聊天室里色情信息则高达65%。

4.通过博客传播

博客就是网络日记、网络日志，其是继 E-mail、BBS 等聊天工具之后的又一大网络交往方式。博客操作非常简单，稍有网络知识的人便可轻易注册一个完全属于自己的博客，然后按照自己的兴趣、爱好和价值取向往上面粘贴内容，随心所欲地编辑、更新所传播的信息。由于信息传播和接受的匿名性以及绝对自由的信息发布形式，博客必定会带来一系列负面影响如淫秽、色情、虚假信息泛滥，危害社会的刺激性信息猖獗，无端诽谤、谩骂他人、宣扬暴力等现象滋生。

5.通过强制浏览的方式传播

所谓强制浏览，就是利用网页代码技术使用户自动访问某一网站。强制方式主要包括以下几种：第一，强制书签。当用户浏览某一网站后，在其收藏夹菜单中就会出现相关网站的一个甚至多个链接。第二，强制标题。不管用户访问哪个网站，浏览器标题中总会出现某网站的网址或广告。第三，强制主页。只要用户打开计算机，就会有某网站在其并不知情的情况下被设为浏览器的默认主页。第四，强制拨号。只要用户访问过某个网站，则其每次打开计算机就会自动拨号进入该网站。

强制浏览的内容大致分为三类：一是商家为推销产品而推出的形形色色的广告；二是网站为增加点击率、扩大影响而强行推出的一些淫秽、色情信息；三是国内一些反动势力的反动言论。

6.夹杂在社会新闻中

许多网站利用青少年自身的特点，以暴力内容为卖点，吸引青少年去实现。尽管有些新闻是没有害处甚至是有益的，但是目前一些网站上的暴力新闻过于泛滥，已经大大超出了适度范围，大量的暴力图片和文字对青少年产生了不良的影响。

另外，还有一些网站的社会新闻中夹杂着性新闻，其中一部分属于正常新闻内容，但是也有相当一部分是为了利用读者的情欲来盈利，其内容大多是无聊低级的垃圾信息，还有许多配有图片。

7.暴力色情的小说、影视

网络为暴力小说和色情小说提供了相对安全而广阔的"销售渠道"，由于监管的漏洞，网络上大量宣扬暴力、色情内容的小说泛滥成灾。

另外，许多网站还提供暴力、色情题材的电影，还有一些是以网上交流的方式在网民之间流传的。

8.黄色短信

一些网站的短信息服务中有以各种名目掩护黄色短信，内容以宣扬及其淫秽的低级趣味为主，甚至还有一些网站通过短信联系提供色情服务。

三、防范不良信息污染的措施

（一）青少年要提高自身素质

1.提高网络安全意识

青少年要学会一些必要的反黄、反暴力的知识，掌握网络安全与自护的方法。如不要在网上将自己的身份公开，不公布与自身有关的信息，不接受网上的邀请等。

2.提高自身道德意识

青少年要加强对网络文明意识、法制观念的培养，强化道德规范，提高自己的辨别力。要利用网络资源优势吸取科学知识，自觉抵制那些宣扬暴力和黄、毒、赌等不良信息，并做到不阅读、不传播，共建一个有利于健康成长的良好环境。

3.科学地获取性知识

面对自身的变化，青少年应该通过传统的教育渠道获取有关的性知识，比如课本等，也可以向父母等长辈咨询。同时，青春期是学习科学知识的重要时期，青少年要把注意力集中在学习上，积极培养各种兴趣爱好，努力学好将来谋生与发展的本领。

4.合理安排上网时间

上网应遵循不影响学习与生活的原则。在上网之前，应列出一张清单，写出此次上网所要做的每一件事情，完成之后就应立即下网。此外，青少年上网要有父母的指导，而未成年人是被禁止去网吧上网的。

（二）学校和家庭要加强教育

一方面，学校应加强思想道德教育和生理健康教育，将网络素养和网络心理健康教育纳入中小学的正式课程，指导、引导未成年人从网络中吸收有益的知识，使之无暇理会也不愿去理会网络不良信息；要积极开展各种有关网络的活动如网页设计大赛、网络文明征文等，营造浓郁的校园网络文化氛围；要培养学生的自控力和责任心，使学生增强自律意识和是非辨别能力。

另一方面，家长要以全新的观念面对网络，在鼓励、支持孩子上网的同时，要采取设置密码、安装过滤软件等技术预防未成年人接触不良信息，监督、控制孩子上网的内容和时间，告知孩子上网时可能遇到的问题及处理办法。未成年人的鉴别力和自控力十分有限，家长要及时与孩子沟通、交流，有的放矢地引导子女上网。

第七节　警惕反动信息和反动网站

案例

2003 年，广东省韶关市公安局接到举报，该市网站的论坛中心出现了大量反动有害的信息。经过调查，情况属实。

此网站是韶关市某网络运营商托管主机上的虚拟网站，托管人是韶关市新丰县一个体户。网站不但提供主页服务，还向外提供虚拟主机服务，是一个小型互联网服务经营商。出现大量反动信息的网站属于其中一个虚拟主机。

并且该个体户只有工商营业执照和电信业务经营许可证，没有依法到公安机关备案，也没有依法建立安全保护管理制度和安全技术措施，对该网站出现反动有害信息负有不可推卸的责任。根据《计算机信息网络国际联网安全保护管理办法》，韶关市公安局立即通知有关单位停止该托管主机联网，责令该个体户停止联网、停机整顿，办齐相关营业手续，依法到公安机关备案，依法建立安全保护管理制度和安全技术措施。

严格来说，反动信息和反动网站都可以算在不良信息的行列，但是，反动网站对国家和平、安全和青少年爱国主义情感等都有着极为恶劣的影响，应当受到重视，所以这一节单独来阐述。

一、抵制网上政治煽动

网上政治煽动就是指通过互联网制作、复制、发布、传播含有煽动抗拒、破坏宪法和法律、行政法规实施的内容；煽动颠覆国家政权，推翻社会主义制度的内容；煽动分裂国家、破坏国家统一的内容；捏造或歪曲事实，散布政治谣言，扰乱社会秩序的内容；损害中国共产党和国家机关信誉以及党和国家领导人名誉的内容的信息的行为。

（一）网上政治煽动的法律规定

根据《中华人民共和国刑法》中的相关规定，政治煽动的罪名有两项：一是煽动分裂国家、破坏国家统一的罪名；二是以造谣、诽谤或者其他方式煽动颠覆国家政权、推翻社会主义制度的罪名。

在《中华人民共和国治安管理处罚条例》中规定了对尚不构成刑事处罚的捏造或歪曲事实，故意散布谣言或者以其他方法煽动扰乱社会秩序的行为的处罚。

国务院公布的《互联网信息服务管理办法》，中国新闻出版总署、中国信息产业部公布的《互联网出版管理暂行规定》以及公安部公布的《计算机信息网络国际联网安全保护管理办法》都明确规定任何单位和个人都不得利用互联网制作、复制、发布、传播含有煽动抗拒、破坏宪法和法律、行政法规事实的内容；煽动颠覆国家政权、推翻社会主义制度的内容；煽动分裂国家、破坏国家统一的内容；捏造或者歪曲事实，散布谣言，扰乱社会秩序的内容；损害国家机关信誉的内容的信息。

（二）网上政治煽动的形式

网上政治煽动主要采用在网站的论坛上发表反动文章和言论、发送反动的电子邮件等手段，另外，也有一些人将通过网络传播各种反动书籍和文章等作为手段。而网上政治煽动的表现形式主要有以下几种：

第一，通过互联网制作、复制、发布、传播含有煽动抗拒、破坏宪法和法律、行政法规实施的内容的信息。

第二，通过互联网制作、复制、发布、传播含有煽动颠覆国家政权，推翻社会主义制度的内容的信息。

第三，通过互联网制作、复制、发布、传播含有煽动分裂国家、破坏国家统一的内容的信息。

第四，通过互联网制作、复制、发布、传播含有捏造或者歪曲事实，散布政治谣言，扰乱社会秩序的内容的信息。

第五，通过互联网制作、复制、发布、传播含有损害中国共产党和国家机关信誉以及党和国家领导人名誉的内容的信息。

这些表现形式是依据其定义得出的。

（三）网上政治煽动的危害

首先，网上政治煽动以网络为主要平台，混淆视听、歪曲事实、动摇社会稳定的基础、破坏社会的和谐风气。在信息多元化的今天，网络已经成为人们的信息主要来源之一，所以，通过网络进行政治煽动的覆盖面很广，在信息不对称的前提下就会影响人们对是非的判断能力。有一些立场不坚定的群众很有可能将自己的主观情绪和网上的政治煽动语言相结合，导致民心不稳，影响社会主义现代化建设顺利进行。

其次，网上政治煽动会毒害青少年。现在网民的主力就是青少年，但他们还不具备成年人的是非判断能力，也没有太多的社会经验和生活阅历，所以，他们会成为网上政治煽动的主要受害者。而且，青少年容易受到网上政治煽动的蛊惑，做出一些过激的行为。

再次，网上政治煽动对网络环境建设也十分不利。网上政治煽动多是采用网络论坛和邮件的形式，一方面会造成网络的气氛紧张，谣言扩散，还有一些唯恐天下不乱的人便有了可乘之机，造成网络环境恶化；另一方面，网上政治煽动大多采取邮件和网上论坛的形式，这种煽动，既影响用户正常使用邮件，占用邮箱的空间，同时也可能带来病毒，危害用户的计算机。

最后，网上政治煽动提高了国家和政府的管理成本。网络的覆盖面积广，国家对网络政治煽动的管理难度也就相应增加了，想要既打击网上政治煽动行为，又不影响网络正常运行，这对技术的要求非常高，管理的成本也就相应提高了。

（四）防范网上政治煽动

要防范网上政治煽动，首先就需要政府制定关于打击网上政治煽动的法律法规，同时需要政府采取防止其传播的有效技术手段，加大对网络安全的监管。

而青少年则应当提高自身的政治修养和政治觉悟，培养基本的判断是非的能力。另外，学校还应该适当地组织针对各种反动政治煽动进行讨论，向青少年揭露这些政治煽动的虚假和荒谬之处，帮助青少年树立正确的认识。青少年应当积极参加学校组织的相关讨论，从而形成对各种网上流言的正确而全面的认识。

另外，学校还应当注意加强网络信息的监管和校园网络文明建设。

二、警惕反动的宗教信仰网站

现在有一些反动组织利用他人的宗教信仰，达到利用别人以实现自己的政治经济利益的目的。他们利用信息时代的高科技手段，建立反动的宗教信仰网站，把人们引入歧途。

反动的宗教信仰网站主要有两个表现方式，一是恶意篡改已经存在的宗教教义，把教徒引到自己的思想道路上来。二是自己创造出邪教，没有根据地在网上建立自己的网站，达到传播自己的教义。

青少年一定要警惕这些反动的网站，那么应当怎么做呢？首先，青少年要建立正确的世界观和人生观，坚持马克思唯物主义观点，坚持无神论，相信科学。宗教信仰是个人的自由，不应当受到干涉，但青少年需要注意的是，青春期是思想开始形成的时候，很容易被一些歪理邪说误导和欺骗。信仰宗教不是不可以，但是必须要谨慎考虑，要分清哪些宗教是对我国现代化建设有积极作用的，而哪些宗教根本是歪理邪说，是阻碍社会主义建设的，甚至是所谓的邪教。

三、抵制破坏民族团结的反动信息

各民族团结平等是我们党和国家一贯坚持的基本政策，任何煽动民族仇恨和民族歧视、破坏民族平等团结的言行都是非法的。但是现在，在很多网站的论坛上依然能够见到漠视民族平等、危害民族团结的文章或是帖子，这些帖子往往是宣扬大汉族主义，将少数民族的利益弃之不顾。

面对这些破坏民族平等团结的网站和反动信息，家长和学校首先要使青少年正确而全面地认识我国的民族平等政策，要让青少年了解民族团结和民族凝聚力的重要性，树立正确的民族意识；其次要积极引导青少年充分利用网络资源，不要进入反动网站、浏览反动信息，告诉青少年哪些内容是反动的、破坏民族团结的，并教会他们怎样地制止这些反动言论。

当然，重要的还是青少年自己，要自觉抵制这些反动网站，保持一个健康的身心，成为祖国建设的有用人才。

第六章　警惕网络犯罪

随着网络的普及，我国网民的人数在不断增加，而青少年以其对新事物的接受能力和好奇心逐渐成为网络的主力军。伴随着网络而来的不仅是丰富多彩的生活和广阔的空间，更带来许多严峻的问题和挑战。

除了一些不健康的上网习惯以及不良的信息污染，青少年还必须警惕网络犯罪。

第一节　网络犯罪的概述

一、网络犯罪的概念

所谓网络犯罪，是指行为人运用计算机技术，借助于网络对其系统或信息进行攻击、破坏或利用网络进行其他犯罪的总称。包括犯罪分子利用其编程、加密、解码技术或工具在网络上实施的犯罪，也包括犯罪分子利用软件指令、网络系统或产品加密等技术及法律规定上的漏洞在网络内外交互实施的犯罪，还包括犯罪分子利用其居于互联网服务供应商（ISP）、互联网信息供应商（ICP）、应用服务供应商（ASP）等特殊地位或其他方法，在网络系统上实施的触犯刑法的严重危害社会的行为。

二、网络犯罪的特点

（一）匿名性

网络犯罪者在网络中接受文字或图像信息的过程不需要任何登记，即使使用个人信息也都是虚假的，所以可以说是完全匿名的。因此，对其实施犯罪行为也就很难控制。罪犯可以通过反复匿名登录，几经周折，最后直奔罪犯目标，而作为对计算机犯罪的侦查，就得按部就班地调查取证，等到接近犯罪的目标时，犯罪分子早就逃得无影无踪了。

（二）隐蔽性

造成计算机犯罪具有极高的隐蔽性的原因是网络的开放性、不确定性、虚拟性和超越时空性等特点，同时这也就增加了计算机犯罪案件的侦破难度。据调查，已经发现的利用计算机或计算机犯罪的仅占实施的计算机犯罪或计算机犯罪总数的 5%—10%，而且往往很多犯罪行为的发现是偶然的，例如，同伙的告发或计算机出了故障等。大多数的计算机犯罪，都是经过了犯罪分子狡诈而周密的安排，运用计算机专业知识，所从事的智力犯罪行为。进行这种犯罪行为时，犯罪分子只需要向计算机输入错误指令，篡改软件程序。由于网络犯罪的作案时间短，而且一般不会对信息载体和计算机硬件造成任何的损伤，网络犯罪不会留下作案痕迹，这就让一般人很难觉察到计算机内部软件上发生的变化。

（三）智能性

网络犯罪的主体具有智能性，是其区别于传统犯罪的一个显著特征。由于计算机犯罪对犯罪主体的技术性和专业化都有较高的要求，所以一般的计算机犯罪具有极强的智能性。实施计算机犯罪，罪犯要掌握相当的计算机技术，需要对计算机技术具备较高专业知识并擅长实用操作技术，才能逃避安全防范系统的监控，掩盖犯罪行为。所以，计算机犯罪的犯罪主体许多是掌握了计算机技术和网络技术的专业人士。他们洞悉网络的缺陷与漏洞，运用丰富的计算机及网络技术，借助四通八达的网络，对网络系统及各种电子数据、资料等信息发动进攻，进行破坏。由于有高技术支撑，网上犯罪作案时间短，手段复杂隐蔽，许多犯罪行为的实施可在瞬间完成，而且往往不留痕迹，给网上犯罪案件的侦破和审理带来了极大的困难。而且，随着计算机及网络信息安全技术的不断发展，犯罪分子的作案手段日益翻新。

（四）跨国性

网络打破了各个国家或地区之间的地域限制，这就导致了计算机犯罪呈国际化趋势。互联网络具有"时空压缩化"的特点，当各式各样的信息通过互联网络传送时，国界和地理距离的暂时消失就是空间压缩的具体表现。这为犯罪分子跨地域、跨国界作案提供了可能。犯罪分子只要拥有一台联网的终端机，就可以通过互联网到网络上任何一个站点实施犯罪活动。而且，可以甲地作案，通过中间节点，使其他联网地受害。由于这种跨国界、跨地区的作案隐蔽性强、不易侦破，危害也就更大。

（五）复杂性

计算机犯罪的复杂性主要表现为：

1. 犯罪主体的复杂性

任何罪犯只要通过一台联网的计算机便可以在计算机的终端与整个网络合成一体，调阅、下载、发布各种信息，实施犯罪行为。而且由于网络的跨国性，罪犯可能来自各个不同的民族、国家、地区，网络"时空压缩性"的特点为犯罪集团或共同犯罪又提供了极大的便利。

2. 犯罪对象的复杂性

计算机犯罪的对象越来越复杂和多样。例如，有盗用、伪造客户网上支付账户的犯罪，电子商务诈骗犯罪，侵犯知识产权犯罪，非法侵入电子商务认证机构、金融机构计算机信息系统犯罪，破坏电子商务计算机信息系统犯罪，恶意攻击电子商务计算机信息系统犯罪，虚假认证犯罪，网络色情、网络赌博、洗钱、盗窃银行、操纵股市等。

（六）发展速度快且涉及面广

20世纪60年代，开始出现计算机犯罪，到了70年代就开始迅速增长，而80年代就已经形成威胁。据统计，在美国计算机及计算机犯罪造成的损失，每年接近上百亿美元。

随着社会的网络化，计算机犯罪的对象从金融犯罪到个人隐私、国家安全、信用卡密码、军事机密等，无所不包，而且发展迅速。我国从1986年开始每年至少出现几起或几十起计算机犯罪，到1993年一年就发生了上百起，近几年利用计算机犯罪的案件更是以每年30%的速度递增，其中金融行业发案比例占61%，平均每起金额都在几十万元以上，单起犯罪案件的最大金额高达 1400 余万元，每年造成的直接经济损失近亿元，而且这类案件危害的领域和范围将越来越大，危害的程度也更严重。

此外，计算机犯罪涉及面也比较广泛。从原来的金融犯罪发展为现在的生产、科研、卫生、邮电等几乎所有计算机联网的领域。

（七）动机多为获利和探秘

计算机犯罪作案动机多种多样，但是最近几年，越来越多的计算机犯罪活动集于获取高额利润和探寻各种秘密。据统计，金融系统的计算机犯罪占计算机犯罪总数的 60% 以上。全世界每年被计算机犯罪直接盗走的资金达 20 亿美元。

（八）低龄化和内部人员多

主体的低龄化是指计算机犯罪的作案人员年龄越来越小和低龄的人占整个罪犯中的比例越来越高。从目前发现的计算机犯罪来看，犯罪分子大多是具有一定学历、知识面较宽的、了解某地的计算机系统的、对业务上比较熟练的年轻人。

此外，在计算机犯罪中犯罪主体为内部人员也占有相当的比例。据有关统计，计算机犯罪的犯罪主体集中为金融、证券业的"白领阶层"，身为银行或证券公司职员的占 78%，并且绝大多数为单位内部的计算机操作管理人员；从年龄和文化程度看，集中表现为具有一定专业技术知识、能独立工作的大、中专文化程度的年轻人，这类人员占 83%；利用计算机搞破坏的绝大多数是心怀不满的企业内部人员，通常他们掌握企业计算机系统内情。

（九）危害性巨大

随着网络普及程度的升高，计算机犯罪的危害也逐渐扩大，而且计算机犯罪的危害性远不是一般传统犯罪所能比拟的，它不仅会造成财产损失，而且可能危及公共安全和国家安全。据美国联邦调查局统计测算，一起刑事案件的平均损失仅为 2000 美元，而一起计算机犯罪案件的平均损失高达 50 万美元。

三、网络犯罪泛滥的原因

自从计算机网络产生以来，网上违法犯罪行为便相伴而生并与日俱增。要有效地制止和减少计算机违法犯罪活动，就必须首先认识其产生的根源，这样，才能依法从根本上进行防范和治理。网上违法犯罪行为的因素是复杂多样的，概括而论可归纳为以下几个方面：

（一）网络本身的缺陷

互联网本身具有跨地域、跨国界性，没有空间限制，所以网络上的信息散布迅速，也同样没有时空限制，影响广泛，层次繁多。而在网上来源网址可以假造，犯罪者身份有可能隐藏起来，加以网络犯罪证据极为有限，其证明力又大打折扣，而且极易被毁灭，所以很难取证和追查。

另外，互联网的前身 ARPANET 主要在开发不受战争破坏的分散式网络系统，其目的是要将信息从传递端顺利地传送到目的端，因此资料安全或者网络安全并不是 ARPANET 当时设计的目的，这也是目前在互联网上设的商务网站容易受到黑客攻击的原因。

还有，在互联网上发布信息，其性质根本不是传统观念所能涵盖的。目前的在线服务就提供类似书店，只是信息的贩卖者，而不承担审查的责任。

（二）贪图钱财

贪图非法钱财的人，只要他的计算机操作水平能够把别人的钱财弄到自己的手里，他就会充分利用计算机这个工具，并且努力去研究使用这个工具去捞取不义之财。1966 年世界上发现的首例计算机犯罪以及 1986 年我国发现首例计算机犯罪都是属于谋财类型的，前者是犯罪分子通过篡改计算机程序以增加自己的存款金额，后者是利用计算机伪造存折和印鉴，将客户的存款窃走。

到目前为止，在全球有意识的计算机违法犯罪活动中，多数是盗取非法钱财。在现实社会中，对钱财的贪婪始终是违法犯罪的原始动力，而在网络社会中也同样如此，因而网上财产犯罪在所有计算机犯罪中增长比例是最大的也就不足为怪了。

（三）防范技术落后

2000年年初，微软公司、亚马逊、雅虎等著名网站遭黑客沉重袭击，这充分暴露了计算机网络系统内部安全的脆弱性。网络犯罪者中多数是熟悉计算机网络技术的专业人士和精通计算机的未成年人，他们与计算机的关系达到了痴恋的程度，能够洞悉计算机网络的漏洞，从而利用高技术手段突破网络安全系统的防护，实现其犯罪目的。可见网络技术防范的落后已成为计算机违法犯罪的一个外部因素。

（四）网络立法严重滞后

任何一个健康有序的环境都离不开法制规范，在网络世界里也是一样。但现实社会中的法律不能简单移植到网络虚拟社会中。目前国内在网络的运行、管理、使用等方面的立法都还是空白。虽然立法部门和政府主管部门有了一些规定，但基本上是简单、片面和应急性质的，而且执行起来有难度。

由于对许多违法犯罪行为的惩治无法可依，致使不少违法分子长期逍遥法外。全世界的媒体每天都在传达大量计算机违法犯罪的消息，但最后真正受到法律制裁的人则屈指可数。在国外，有的违法分子在其网上作案被发现后反倒受到重用。网络社会中的法治建设与网络基础设施建设、信息建设一样重要，不可忽视。但网络立法的滞后是一个全球性的问题，即使是发达国家的网络立法也很不完善。因为网络一方面在普及之中，另一方面又仍在发展之中，难以制定出针对网络成熟状态的稳定法律。因此网络立法在相当长的时期内总是滞后的，操之过急也是不可行的。

在网络法制空白和不十分健全的情况下，我们可以通过扩大法律的解释来缩小网络法治的真空状态，以免人们在现实社会中树立起来的法律信心在网络虚拟社会中受到打击，以免在现实社会中遵纪守法的人在网络社会中去做违法乱纪的事情，以免现实社会中的犯罪分子在网络社会中使用新手段而更加横行无忌，为所欲为。

四、网络犯罪带来的危害

网络犯罪的危害是很大的。网络的普及程度越高，网络犯罪的危害性就越大。而且网络犯罪的危害远不是一般犯罪能够比得上的，常造成上百万元、上千万元，有时甚至是上亿元的损失。例如，仅一个 Melissa 病毒就造成了上十亿美元的损失，微软等大公司都不能幸免。另外，网络犯罪不仅会造成财产的损失，还会危及公共安全和国家安全。

网络犯罪给社会和人的心理造成了负面影响。网络犯罪改变了人们对犯罪的认识，对青少年造成了负面的影响。这种负面影响伴随着青少年的成长体现得更加明显。有些青少年过分沉溺于网络，对其他一概不感兴趣。网络犯罪还使青少年失去了责任感。

第二节　各种各样的网络犯罪

网络犯罪是一种利用高科技的犯罪行为，但它与现实生活中的犯罪一样，都对人们的财产及生命安全进行侵害，所以，当我们发现身边存在网络犯罪分子时，每个人都应当站在正义的一面，不顾危难，积极检举，为网络和平贡献力量。

一、网络诈骗

网络诈骗，是以非法占有为目的，利用互联网采用虚拟事实或者隐瞒事实真相的方法，骗取数额较大的公私财物的行为。这是最常见的一种网络犯罪形式。

（一）网络诈骗的特点

网络诈骗和其他类型的诈骗获取的财物的方式不同，一般的诈骗活动，行为人与一定自然人之间有一定的沟通，即"人—人对话"，而网络诈骗罪则不然，行为人更多通过"人—机对话"的方式，达到初步目的。正是由于人机对话的技术特点，决定了网络诈骗具有一些独特的特点：

1.犯罪方法简单易行

网络用于诈骗犯罪能够使犯罪行为人虚构的事实更加逼近事实，或者能够更加隐秘地掩盖事实真相，从而使被害人易于上当受骗，给出钱物。

2.犯罪成本低、传播迅速快且范围广

犯罪行为人利用计算机网络技术和多媒体技术制作形式极为精美的电子信息，诈骗他人的财物，并不需要投入很大的资金、人力和物力。

3.渗透性和不定性较强

网络发展形成一个虚拟的计算机空间，既消除了国境线也打破了社会和空间的界限，使得犯罪行为人在进行诈骗他人财物时有极高的渗透性。网络诈骗的网络化形式发展，使得受害人从理论上而言包括了所有上网的人。

4.社会危害性极强

目前，世界各国的网络用户数以亿计，仅中国网络用户就达3.38亿，通过互联网诈骗要比以传统方法进行诈骗范围大得多。而且，由于这些犯罪的受害者分布广泛，造成了极为严重的社会危害。并且，网络诈骗犯罪发展特别迅速。

（二）网络诈骗的形式

正是由于网络诈骗犯罪可以不亲临现场的间接性特点而表现出形式多

样的网络诈骗犯罪。

1.利用虚假的电子商务进行诈骗

此类犯罪活动往往是建立电子商务网站，或是在比较知名、大型的电子商务网站上发布虚假的商品销售信息，犯罪分子在收到受害人的购物汇款后就销声匿迹。如 2003 年，罪犯佘某建立"奇特器材网"网站，发布出售间谍器材、黑客工具等虚假信息，诱骗顾主将购货款汇入其用虚假身份在多个银行开立的账户，然后转移钱款的案件。

除少数不法分子自己建立电子商务网站外，大部分人采用在知名电子商务网站上，如"易趣""淘宝""阿里巴巴"等，发布虚假信息，以所谓"超低价""免税""走私货""慈善义卖"的名义出售各种产品，或以次充好，以走私货充行货，很多人在低价的诱惑下上当受骗。网上交易多是异地交易，通常需要汇款。不法分子一般要求消费者先付部分款，再以各种理由诱骗消费者付余款或者其他各种名目的款项，得到钱款或被识破时，就立即切断与消费者的联系。

2.利用 Modem 拨叫国际长途的诈骗犯罪

犯罪行为人诱使上网者下载一个"浏览工具"或者"拨号器"，以便免费登录成人网站。而所谓"拨号器"就会悄悄切断 Modem 的当前连接，转而通过拨通一个国际长途号码连接上互联网。这样，用户会在不知不觉中"消费"一大笔电话费。

3.利用互联网骗取信用卡的诈骗犯罪

有的网站允许你免费在线浏览成人图片，不过你必须提供信用卡号码以证明你已经满 18 周岁。然而，当你打开它却有一大堆你意想不到的东西是要收费的。《环球时报》2001 年 3 月 20 日报道了美国新月出版社集团利用旗下的网站，以免费浏览做幌子，骗去网民 1.88 亿美元。而主要犯罪行为就是骗取网民的信用卡号进行诈骗。

还有一种方式是给用户发送一封电子邮件，以虚假信息引诱用户中圈套。诈骗分子以垃圾邮件的形式大量发送欺诈性邮件，这些邮件多以中奖、顾问、对账等内容引诱用户在邮件中填入金融账号和密码，或是以各种紧迫的理由要求收件人登录某网页提交用户名、密码、身份证号、信用卡号等信息，继而盗窃用户资金。

4.利用互联网提供特许权的诈骗犯罪

犯罪行为人在向投资者提供经营特许权时，有意隐瞒相关情况进行诈骗。通常以其中商业机会和特许产品展览做诱饵。比如说，有的提出低价出售数以百万计的电子邮件地址名单，而有的则提供收信人的代理服务器号码，但实际中，提供代理服务器的号码是违反网络规定的，而所谓的电子邮件地址不是失效的就是错误的。

5.利用互联网进行多层次销售和传销的诈骗犯罪

这种诈骗花样更是五花八门，有的利用网络电话兜售一些非法或欺骗性的投资产品；有的则把定价过高的为房地产提供保证的债券作为风险普通的一般债券来推销；也有的在网络上刊登启事，要求应征者花大笔的钱买回某种生产资料，生产出商品后，公司负责回收，却又以"质量不达标"等这样那样的理由拒绝回收，从而使许多投资者损失惨重。而所谓的多层次销售一般宣称"你可以通过自己以及你所发展的下线销售产品和提供服务来赚钱"。其实商品或服务不过卖给了和你一样的销售者，类似传销。

6.利用互联网提供旅游休假以及医疗保健商品及服务的诈骗犯罪

犯罪行为人宣称"你可以参加一次豪华旅游，并提供许多打折的附加服务"。实际上这全是谎言，就算能行你也得因为那些"附加服务"损失不少钱。而所谓"一般药店没有的东西，可以包治百病"的医疗保健商品，你相信吗？不过对于那些身患绝症，生命垂危的人就不一样，他们可能会相信的，哪怕一点点希望。但这不过是一个骗钱的老把戏而已。

7.建立假冒网上银行、网上证券网站

犯罪分子建立起域名和网页内容都与真正网上银行系统、网上证券交易平台极为相似的网站，引诱用户输入账号密码等信息，进而通过真正的网上银行、网上证券系统或者伪造银行储蓄卡、证券交易卡盗窃资金；还有的利用 跨站脚本，即利用合法网站服务器程序上的漏洞，在站点的某些网页中插入恶意 Html 代码，屏蔽住一些可以用来辨别网站真假的重要信息，利用 cookies 窃取用户信息。

除以上几种网络诈骗犯罪外，还有运用互联网进行的中大奖诈骗犯罪，以及利用互联网提供商业机会、投资机会的诈骗活动。

二、网络盗窃

网络盗窃也是网络犯罪中最常见的一种类型，最典型的就是计算机窃取和电话网络的盗用。计算机窃取主要表现为窃取可以支付的电子货币、账单、银行结算单等，以达到改变财产所有权的目的。例如，一个德国的程序员用一个程序改变公司的工资数据、账单和结算单，从而窃取了公司 19 万多马克。

而盗用电话网络等通信网络主要表现为盗码并机使用不缴费电话号码、买卖外国电话卡号码、盗用公用电话的电话卡等，这种信息犯罪行为给电信部门和合法用户造成了很大的损失和混乱。例如 1994 年，有一个法国的计算机高手从 8 月开始，连续 4 个月进入美国联邦调查局的通信网络线路，利用联邦调查局的账号拨打国际长途并在计算机网络上和全球各地的计算机迷聊天，使美国联邦调查局蒙受了高达 25 万美元的经济损失。

还有一种比较严重的网络盗窃，主要是利用网络窃取科技、军事和商业情报。当前，通过国际信息高速公路互联网，国际犯罪分子每年大约可窃取价值 20 亿美元的商业情报。

目前，在我们日常生活中比较常见的网络盗窃是通过木马程序窃取用户信息后实施盗窃活动。木马制作者通过发送邮件或在网站中隐藏木马等方式大肆传播木马程序，当感染木马的用户进行网上交易时，木马程序即以键盘记录的方式获取用户账号和密码，并发送给指定邮箱，用户资金因此将受到严重威胁。

还有一种方式就是利用用户弱口令等漏洞破解、猜测用户账号和密码。不法分子利用部分用户贪图方便设置弱口令的漏洞，对银行卡密码进行破解。例如 2004 年 10 月，三名犯罪分子从网上搜寻某银行储蓄卡卡号，然后登录该银行网上银行网站，尝试破解弱口令，屡屡得手。

三、高技术信息污染

高技术信息污染是指利用网络传播色情暴力、发布虚假信息、散发商业广告、诽谤侮辱他人等犯罪行为。由于网络信息传播面广、速度快，如果不进行有效的控制，造成的损失将不堪设想。这些信息污染和滥用的现象，有的是出于乐趣和好奇，而有些则是出于经济目的。

例如，2003 年，北京遭受了"非典"的袭击，而有人为了提高自己在网上的知名度，在某网站上张贴了《据最可靠内部消息，××市隐瞒了大量"非典"病例》《别去××市》等文章，多次编造虚假的"非典疫情"。为了提高可信度，还使用了大量的官方用语，造成大量网民的恐慌。针对这个案件，北京市检察院第一分院根据最高人民法院和最高人民检察院涉"非典"犯罪的司法解释，认为该网民故意歪曲事实并编造、散布内容虚假的恐怖信息，造成公众心理恐慌，扰乱社会秩序，并对其提起了公诉。

四、网络赌博

在网络时代，赌博犯罪时常在网上出现。美国纽约曼哈顿区检察院曾于 1998 年 2 月底对在互联网上赌博的 14 名赌徒进行了起诉。负责该案的美国联邦检察官认为，美国有几十个公司利用互联网和电话进行体育赌博活动，每年赌资可能高达 10 亿多美元。

网络赌博所用的空间实际上是一个虚拟的赌场，这个赌场不受地域、场所限制，可以跨地区、跨省、跨国，通过一条网线就可以将不同地区、不同省甚至不同国家的参赌人员聚集到一起进行赌博。网络赌博可分为传统赌博（打麻将、百家乐、二十一点等）、以体育竞技类比赛作为赌注对象的赌博（足球、篮球、高尔夫球、百米赛、赛马、赛狗甚至西班牙斗牛等）等类型。值得一提的是，有些网络游戏也可以归属于网络赌博的范围之内。如通过"传奇""梭哈"等在线游戏进行赌博，一般是让游戏选手通过积分、等级决定参与者实力，积分、等级越高，实力越强。游戏选手为提高实力，往往要用现金向游戏商及其他游戏选手购买积分或等级。这种赌博对我们中学生具有很强的吸引力，是大家沉迷网络游戏的一个重要原因。

网络赌博源于传统赌博，传统赌博所具有的危害它都有，如扰乱社会治安秩序，诱发其他违法犯罪活动，腐蚀党员领导干部等，而且网络赌博还可以使国内资金大量外流、使国内足球和篮球等体育职业联赛受到冲击、造成金融秩序混乱等，其危害程度远远大于传统赌博。

五、制作并传播病毒

恶意制作并传播网络病毒是网络犯罪的一种形式，是人为制造的干扰破坏网络安全正常运行的一种技术手段。网络病毒的迅速繁衍，对网络安全构成最直接的威胁，已成为社会一大公害。

例如，著名的"黑色星期五""米开朗基罗"等，都曾经造成过世界性的恐慌，其造成的损失根本无法计量。还有前几年在我国猖獗一时的"熊猫烧香"病毒，也使众多网民蒙受了巨大的损失。

六、网上教唆或传播犯罪方法

网上教唆他人犯罪的重要特征就是教唆人与被教唆人并不直接见面，教唆的结果并不一定取决于被教唆人的行为。这种犯罪有可能产生大量非直接被教唆对象同时接受相同教唆内容等严重后果，具有极强的隐蔽性和弥漫性。

七、网络侵权

网络侵权就是指恶意剽窃网络上的资源，篡改网上的消息，未经同意转载等行为。这也是一个比较常见的网络犯罪现象。

网络侵权是一个不道德的行为，也是法律所不容许的。其中还涉及知识产权的问题。青少年应当了解一些相关的知识，尊重他人的知识产权和劳动成果，不要剽窃他人的观点和文章等。

第七章　青少年网络犯罪

青少年，既是网络犯罪的受害者，同时也极有可能成为网络犯罪者，在教育青少年警惕网络不良影响的同时，还必须有效地预防青少年犯罪，这不仅关系到青少年的健康成长，也关系到社会稳定和祖国的未来。

第一节　青少年网络犯罪的原因及形式

有调查显示，90%的青少年犯罪与上网成瘾有关。青少年网络犯罪不仅给国家的政治、经济带来一定程度的影响，而且也给青少年一代的健康成长带来了严重的后果。要想预防青少年网络犯罪，就要了解其犯罪的根本原因，那么导致青少年网络犯罪的原因都有哪些呢？

一、青少年网络犯罪的原因

（一）心理原因

青少年心理成熟要滞后于生理成熟，这使青少年难于形成正确的自我意识，易使青少年产生各种心理困扰，这些问题对青少年网络行为产生重要的影响。当代社会，青少年学业、就业竞争异常强烈，不同文化相互撞击，使青少年的成长面临更大的困惑与挑战，这些都使青少年不得不去寻求其他的出路，互联网为此提供了一个绝佳选择。青少年由于无法正确估计自我，容易走向偏执和极端的境地，盲目认同自己喜欢的事物，形成网络心理障碍。

网络心理障碍分为两种：互联网成瘾综合征和网络双重人格。具体表现为上网时间失控，沉溺于游戏，依赖虚拟现实，而忽视了现实的存在，或是对现实生活不再满足，常常导致离开了网络以后，现实生活中的身份丧失，出现角色混乱，反社会人格等偏差。他们在网络中的表现与其现实中的表现有很大的反差，甚至判若两人。有的人会把藏匿在内心深处在现实中不敢显露的，如偷窥探隐、凶残好斗、喜恶作剧等不良嗜好，表露在无人监督的网络里。青少年在网络空间里不再受限制，不再担心是被动地接受者，不再担心自己的观点孤立，他们可以在虚拟网络世界中畅所欲言，为所欲为，最大化地表现自己的优点和缺点，从而导致网络道德失犯。

（二）生理原因

青春期的孩子正处于生理不断发育成熟的特殊阶段，这一时期的青少年，体内机能进一步健全，性意识开始萌芽，并逐渐成熟，所以满足性的生理需要较为强烈。

此外，处于青春期的青少年们对新事物敏感且容易接受，寻求自我并实现自我，好奇心强，渴望友谊和交流，而自制力相对较弱。现在大多数的青少年都是独生子女，对于人际交往、社会支持、自我实现等各种需要难以在现实中得到满足，引发了生活中的社交恐惧和社交障碍。网络以特有的方式和丰富的内容，展示给人们一种全新的虚拟社会环境，网络交流可使人们不受约束，随心所欲地改变和修订自己的品质和人格特点，这无疑为青少年提供了实现自身需求的最好舞台。网络游戏，可以使他们找到自我、实现自我；网络聊天，给了他们倾诉的空间和对象，为他们寻找和接触异性提供了机会。当他们在这个神奇的虚拟世界里获得快乐与满足时，由于他们相对较弱的自制力，这种行为不能得到很好的控制，有些青少年沉迷于网恋，有些青少年通过网络色情接受了性方面的刺激，使他们达到难以控制的程度，长期堕落而不能自拔，最终走上性犯罪的道路。

（三）家庭原因

父母网络知识缺乏，使得他们无法对子女进行有效的教育和管束，许多家长认为，网络是高科技，上网主要是学习娱乐，不管孩子在网上做什么，总比看电视要好。中国青少年网络协会发布的《中国青少年网瘾数据报告》表明，我国青少年中约有 16.6% 的网民上网成瘾。有些家长疏于对孩子的管教，把网络当做电子保姆，对孩子的上网并不干涉，也不限制他们的上网时间，对孩子在网上做些什么也不过问。一旦发现孩子沉溺网络，家长又往往走向另一个极端是简单粗暴，把互联网拒之门外，而不是对孩子进行教育和引导，他们以为这样就能一劳永逸地保护孩子免受互联网的引诱和威胁。不少家长缺乏对青少年管教的耐心和方法，青少年在成长过程中迫切需要理解、支持与帮助，而家长在此更多扮演的是控制、要求、责备的角色，青少年与父母之间的交流产生了隔阂与障碍，从而促使青少年去寻求其他的交流渠道与空间，网络就成了他们理想的选择。

（四）社会原因

现代社会与传统社会有很大的差别，传统社会主要依靠家庭、学校、同龄群体完成青少年的社会化过程。现代社会，网络在青少年的人格形成和发展的过程中扮演着越来越重要的角色，互联网成为信息化时代传播信息的主要工具，逐渐成为青少年接触社会了解社会的主要媒介，青少年通过互联网接受大量的信息，在知识、技能，尤其是价值标准、角色学习方面，开始出现无师自通的情况。

作为一个喜欢追逐时尚、偶像的群体，又缺乏辨别是非能力的青少年，较容易受互联网负面影响。而网络上充斥的色情、反动、暴力信息以及充满陷阱、管理乏力的网络聊天室的泛滥为青少年网络犯罪埋下了诱因。

此外，社会的飞速变迁带来的不确定感和焦虑，以及对社会竞争和社会责任的恐惧与逃避，也使许多缺乏社会竞争力的学生选择上网来求得安宁和超脱。而网络社会本身就是一个虚拟社会，是现实生活的再现，其中既有真善美，又有假丑恶，青少年置身其间，就是熔入社会大熔炉之中。

二、青少年网络犯罪的主要形式

我国青少年网络犯罪主要有以下几种表现形式：

第一，利用网络实施盗窃、绑架、故意伤害、诈骗、抢劫等传统型的犯罪。网络的虚拟性为青少年实施犯罪时提供了伪装空间和便捷的途径。他们很容易将自己的真实身份、地址等隐蔽起来，然后实施犯罪行为。

第二，利用网络侵犯公共信息安全。青少年思维活跃，接受新技术新技能快，由于争强好胜，青少年常常以黑客身份擅自侵入公共信息系统或侵入国家政治经济及军事等要害部门，盗取国家机密、商业秘密。

第三，利用计算机网络制造传播网络病毒。青少年制造病毒和传播病毒的动机各有不同，有的是为了报复，有的是为了一时之兴，有的是为了打赌，有的是被人利用，但造成的危害都很大。2006年震惊全国的"熊猫烧香病毒案"，该病毒在短短两个月内使上百万个人用户、网吧及企业局域网用户遭受感染和破坏，造成严重的后果。而案件的几名主要嫌犯的年龄都在二十几岁。

第四，利用网络制作、传播、出售淫秽物品等，从事网络色情犯罪。青少年一方面成了网络色情的最大受害群体之一；另一方面，一些青少年不仅自己浏览色情网页，还单独或伙同他人制作、传播、出售淫秽物品，由受害者转而变为网络犯罪的行为主体。

第二节 如何预防青少年网络犯罪

一、学校和家庭要加强引导作用

老师和家长应当对青少年的行为起到引导的作用。一方面，老师应多为学生树立榜样，激发他们不断进取的精神，教给学生必要的上网常识，指导和教育青少年正确上网，安全上网，科学上网，高尚上网。另一方面，父母要引导孩子树立正确的择友观，引导青少年参加社会活动。对于家庭入网者，家长可以在计算机端加过滤软件，提取精华，剔除糟粕。家长还应重视青少年青春期的科学教育，给他们精神生活的指导。

二、加强网络法制宣传与教育

网络法制的宣传与教育能够提高青少年的法律意识，让青少年网民明白在网上的权利和义务，可以做什么、不可以做什么；做哪些事情是合法的，做哪些事情是不合法的。从而使青少年辨别是非，时刻牢记法律规范。

三、提高法律约束

除了要增强青少年的法律意识，司法人员的执法水平也必须提高，要严格禁止未成年人进入网吧，还应当努力推行上网实名制。眼下，一些地方推行的上网实名制可以加强对网络的管理，减少不良信息对青少年的危害。执法人员应严格执法，对网吧的制度执行情况进行严格检查，对违反管理的经营者要坚决严格处罚。一方面要严厉打击网上违法犯罪行为；另一方面可以由法官等司法人员深入学校开展网络法律教育，通过司法人员的言传身教和案例展现，增加青少年的认同感，增强青少年网络法制意识。

四、构建网络文明和网络文化

构建网络文明，传播积极、先进的网络文化，能够起到引导青少年身心健康发展的作用。网络文明的建构需要道德自律、法律规制与技术支持这三方面的合力，即需要道德、法治及技术三个层面的一体化。同时加大网络道德教育力度，大力加强以中华民族优秀文化为主体的正面网络内容的生产和传播，为占领网络思想教育阵地提供适合青少年阅读的内容，从而满足他们对信息资源的渴求。

五、加强网络监管并完善网络秩序

基于目前网络的现状，除了加强对青少年的网络道德教育外，加强网络监管势在必行，此外加强网络安全管理，提高网络安全防范技术，加强网络系统规范化，完善网络秩序也是为青少年营造良好网络环境、防范青少年网络犯罪的重要措施。公安机关必须建立高素质的网络警察队伍，强化网络日常的维护、监督和安全管理。同时，国家、企业应加强网络安全技术的投入与研发，提高网络安全防范技术。

六、实行网络内容分级

实行网络内容分级管理，是来自于国外的管理经验，这是一个很值得借鉴的经验。对于网络游戏的内容，应做专项分级管理，国家有关管理部门应对网络游戏能否进入市场进行鉴定和甄别，从而打造一片属于青少年的网络绿色空间。

第八章　青少年要健康上网

在形形色色的危害和诱惑面前，青少年是否有足够的抵抗能力呢？要想增强青少年对网络危害的抵抗能力，安全、健康地上网，不仅要对青少年进行网络道德教育，提高他们自身的素质，还需要家长、老师和社会三方面共同努力，为青少年营造出良好的网络环境，减少网络安全隐患带来的危害。

第一节　健康上网心理

一、健康上网要增强自我控制力

（一）增强网络活动的自控意识

网络是一把双刃剑。它既能给青少年学生带来"学习的革命"，给他们的学习和生活带来许多益处；同时，如果不能很好地利用，也会对青少年产生许多负面影响。青少年学生是网络应用的重要群体，应当自觉学习、遵守和宣传网络公约，积极、主动地利用网络提高自身素质。

（二）明确上网目的，做有益的事

青少年学生应当不断地提高自身修养，明确上网的目的。我们上网的目的应该是借助网络提供的信息开阔视野，学习新知识、研究新知识，利用网络进行最有效的学习。如果把大好时光和先进的信息工具用来毫无节制地玩游戏或网上聊天，就偏离了正确的上网目的，不仅耽误时间，

还会影响自己健康人格的形成。

（三）自觉控制上网时间和网上行为

要严格控制上网时间，保证身心健康成长。尽管网上的世界十分精彩，但上网的时间要有度，有节制。对青少年学生来说，正处于青春发育期，上网超时会有损视力，有损骨骼的生长，不利于身体的发育。

医学专家指出：青少年每天用计算机不要超过两个小时。使用计算机一小时后，最好休息几分钟，到户外活动活动身体，呼吸一些新鲜空气，以消除疲劳，保护视力。

同时，要明辨是非，控制网上行为。面对互联网中纷繁复杂的信息，青少年学生必须保持清醒的头脑，要增强判断能力，自觉进行判断、过滤、自我防范。青少年学生还应当有效地控制与规范自己的网上行为，明白网络上的违法行为与日常生活中的违法行为一样，都要受到法律的惩罚。

网上生活不遵守规则，久而久之就会影响到自己的日常行为。因此，青少年学生要做到文明上网，使自己的网络行为和网络言论符合社会与公众认同的道德规范，做一个文明、健康、守法的网上公民。

（四）保证正常的学习、生活、交流与体育锻炼

网络只是我们生活中的一部分，更多的实践知识仍然来自于现实生活。青少年在畅游网络、感受信息时代的种种精彩的同时，仍要注重在学校课堂上各科知识的学习，注重日常生活中与家人、老师和同学的交流，全面发展才能促进自身素质的不断提高。

青少年要保证每天足够的体育活动的时间。很多同学接触到网络以后就忽视了体育锻炼，这是不对的。在上网的时候，更要注重体育锻炼与身体保健，减少上网对身体健康的不良影响。

二、提高网络自我保护意识

（一）端正对计算机网络的态度

信息时代，计算机、互联网成了我们学习、生活、工作的智能化工具，但是，智能再高也是由人设计、制造、使用的工具，无论什么时候，人不可变成物的奴隶，更不能丢弃人类文明的本性。

一位美国现代科学家早在 1982 年论述科学前沿问题的演讲中就指出："社会面临的真正挑战是：我们是否会让计算机诱惑我们去滥用，甚至践踏下列基本价值——诚实、自由、平等、相互信任、爱情、尊重法律和他人的权利及幸福；因为这些基本价值正是一个文明社会赖以生存的基础和希望。"

现代生活将离不开计算机网络，但它不能成为我们生活的全部。美好、健康的生活需要丰富多彩的内容，需要郊野的绿色，需要山林的空气，需要踏青的快乐，需要秋收的金色，需要温馨的亲情，需要音乐的陶冶，需要身心的健康，还需要读书学习……对于计算机网络等现代化工具，保持一种讲求实际、掌握技术、适度使用的心态为好。

（二）增强网络安全防范意识

网络个人信息泄露事件时有发生，尽管有些是故意泄露个人信息的恶性事件，但是大多数情况还是由于管理不够完善。商业公司获得网上用户隐私信息的主要途径有以下几种：

1. 利用专业软件

一些网络公司利用具有跟踪功能的 Cookie 工具测定并跟踪用户在网站上所进行的各种操作，虽然不能够得到用户的真实姓名，但是通过实时跟踪的方法，能够得到用户在网络中的具体位置。

2. 通过免费服务获得个人信息

网站会提供一些免费的服务，但是需要用户填写个人信息，很多用户为了能够得到网站提供的这些免费商品或服务，会主动把自己的信息泄露给网站。例如，免费电子邮件系统的用户，免费获得个人主页，甚至是免费奖品等，而想要获得这些的前提，就是需要用户先提供个人的信息，包括姓名、电子邮件、联系方式、住址等，这种方法对青少年显得特别有效，有些网站会以礼品、奖金为诱饵，引诱青少年们提供家庭隐私。

3. 向有关部门或公司购买

有些公司作为信息的收集者，开始大规模地向社会提供各类信息。而许多公司通过购买获得这些信息，就可以利用这些信息从事相关的直接活动。

要改善这种情况，不仅应采取有效的技术手段，还要提高社会集体意识，加强道德防范。对于青少年来说，一定要记住，在浏览网页时，不要被其精美的页面或是一些免费、奖励的信息所迷惑，填写不该填写的隐私信息，例如家庭地址、电话号码、各种密码等。要从自己这里把好关，防止个人隐私泄露。

三、遵守各种法律条例

无论是规范和治理现实的社会，还是规范和治理虚拟的网络社会，既需要道德，又需要法律，道德和法律相辅相成，缺一不可。

现在，我国的网络立法工作有了飞速的发展。1987 年，国家制定了《电子计算机系统安全规范（试行草案）》，对涉及计算机系统安全的各主要环节作出了具体的说明，使计算机系统的设计、安装、运行及监察等部门有了一个统一的衡量系统安全的依据。这是我国第一部关于计算机安全工作的法规。

1994 年国务院 147 号令颁发了《中华人民共和国计算机信息系统安全保护条例》之后，又颁发了《中华人民共和国计算机信息网络国际联网管理暂行规定》。

1996 年国务院发出通知，要求进入互联网的计算机用户进行登记，以利于加强管理。迄今为止，全国人大常委会制定的《关于维护互联安全的决定》,是我国对于计算机网络管理方面效力最高的法律文件。《关于维护互联网安全的决定》中规定:利用互联网实施犯罪行为,依照刑法有关规定追究刑事责任。利用互联网实施违法行为,违反社会治安管理,尚不构成犯罪的由公安机关依照《治安管理处罚条例》予以处罚。利用互联网侵犯他人合法权益,构成正式侵权的,依法承担民事责任。其他的主要法规有《互联网信息服务管理办法》以及《互联网电子公告服务管理规定》、《互联网出版管理暂行规定》等。

以上这些法律法规,青少年都应当知道,并且必须要遵守。此外,团中央、教育部等部门还发布了《全国青少年网络文明公约》,号召青少年遵守网络道德规范。其内容如下:

要善于网上学习,不浏览不良信息;

要诚实友好交流,不侮辱欺诈他人;

要增强自护意识,不随意约会网友;

要维护网络安全,不破坏网络秩序;

要有益身心健康,不沉溺虚拟时空。

《全国青少年网络文明公约》的制定、发布,对于规范我国青少年的网络行为、提高广大青少年的网络道德水平发挥了重要作用。

四、自觉遵守网络公德

目前,对网络的有效监督仍然比较欠缺,很多人都认为,在网络上没必要对很多小事那么计较,于是在网络这种监管相对宽松、直接面对的仅仅是机器而不是人的虚拟环境中,人们难免会有发泄恶念的想法,如果不加以克制,让其慢慢在心中聚集,发泄到网上成为真正的行动,将会动摇人们的善心、羞耻感和正义感,最终走向犯罪的道路。网络不是一块净土,如果青少年没有在心中构筑起一道堤坝,心灵难免会受到网络的污染和侵蚀,而"自觉遵守网络公德"就是这道守护心灵的堤坝。

青少年应当自觉遵守全国青少年网络道德文明规范,增强网络道德文明意识，明确网上的是非观念，分辨出网上信息的真假，争做网络文明使者，崇尚科学、追求真理，使用网络文明语言，倡导文明新风，营造健康的网络环境。从日常学习、生活出发，要更加自律，接受社会、老师和家长的监督，不浏览不良网页，不沉溺于网络聊天和网络游戏；要正确使用互联网，学习网络知识和信息技术，让互联网成为学习生活的好伙伴、好助手，伴随互联网的发展健康成长。

第二节　构筑安全的"防火墙"

网络的各种危害已经引起了社会、学校和家长的高度重视，对于这些危害需要综合治理，既要完善制度，又要加强管理，更要增强青少年自觉抵制不良信息侵袭的"免疫力"。只有青少年自护意识、自护能力提高了，才能更好地避害、除害。所以，社会、学校、家长应当为青少年构筑起一道安全的"防火墙"，抵御来自网络的不良侵害。

一、加强对青少年的网络道德教育

在广大青少年中开展合理上网的讲座及各种比赛或宣传活动，发挥协调优势，家庭、学校、社会"三位一体"，为青少年上网构筑一道不倒的"防火墙"。

对学校和家庭来说，青少年的网络思想道德教育的操作比较容易。其主要途径是大力加强针对青少年学生的网络道德教育，形成青少年学生对网络道德的正确认识，知道他们学会选择、判断信息的是与非，提高个人修养，养成道德自律，主动远离网络不良信息，远离安全陷阱，增强自我保护意识和自身免疫力，这是有效保证青少年健康使用网络的前提条件。

社会能够成为一道覆盖面最广的"防火墙"，但是它的监管往往比较困难，特别是有一些以盈利为目的违规经营的网吧，置国家的各种法律法规于不顾，允许未成年人进入网吧甚至长时间逗留，或者提供不健康的网络资源。因此，加强社会监督，特别是健全未成年人保护方面的相关法律法规，落实贯彻国家有关网吧的管理条例，规范网络行业现代化自我监管的体制。国家要加强对网吧的严格管理，从严查处非法经营的网吧，为青少年的健康成长营造出一个纯净的环境。

二、老师、家长要加大监督和指导的力度

作为教育者，老师和家长应当主动了解并学习网络知识，熟悉网络，同时也要提高自身的网络道德修养，为青少年做出表率。

首先，老师和家长只有先掌握了网络这个工具，才能够与青少年共用一个网络平台进行交流，并且有针对性地对青少年开展上网的指导。

其次，在了解网络的同时，老师和家长应当起到模范作用，做好青少年网络道德教育的楷模。教育者必须先具备高尚的网络道德，才能够潜移默化地对青少年起到良好的影响，保证对青少年上网做出正确的导向。

三、优化网络环境

互联网上鱼龙混杂，大量的有效信息中充斥着诸多不良的信息污染，因此迫切需要努力让有效信息资源占领网络阵地。于是青少年网站的建立成为必要的工作已经是毋庸置疑的了，但关键是如何运作。

青少年网站内容健康、形式活泼，但是缺少网民光顾，时常出现"空壳运转"的现象。因此，建立青少年网站首先要考虑的就是如何吸引青少年的注意并让其经常登录，因为没有点击率的网站就没有生存的能力。要增加网站的吸引力，就要增加服务的力度，可以通过学习、交友、就业、心理咨询等青少年感兴趣的、能切实起到帮助的服务方式为青少年服务，吸引青少年的"眼球"。

还有一种切实可行的方式就是鼓励、指导青少年利用网络的免费资源，自己设计制作网页或者网站，主动占领网上阵地。现在，仅仅对青少年上网进行规范和引导已经远远不够，必须要主动出击，利用网络上提供的免费资源，例如，免费个人空间、个人主页等，让青少年建立属于自己的网页，通过网络推动青少年的网络道德素养建设。

此外，"网络警察"在这一方面也起到了不可替代的作用。现如今的"网络警察"不单是在网上追踪不良信息，而且开始了从现实到网上，再从网上到现实的监管。网络警察的威力使犯罪分子感到心有余悸。

四、安全过滤信息

网络上的信息难免掺杂色情、暴力、诱赌等垃圾信息，为了能够过滤这些不良信息，许多软件开发商都推出了过滤软件。

早期的过滤软件多属于"黑名单"类型，工作原理就是封锁住不应检索的网址。这种软件往往把成千上万个不良网址分成十几大类记录在案，而用户在软件管理一栏中可以选择对哪一类或几类网址中断检索与访问。这些非法和有害的网址一般包括色情、暴力、赌博、种族主义等。

第二代过滤软件采取了与"黑名单"类型技术完全相反的工作原理，即先封锁住所有的互联网上的网址，然后再提供可供选择的网址。这种软件的适用范围比较小，但在使用过程中却十分安全，特别适合青少年使用。

还有一种完全不同的封锁软件也走入了市场，它不会封锁任何的网址，但是它会把访问者去过什么网站、下载了什么东西全部记录下来，并且不能更改，这样，家长就可以随时监督青少年的上网行为，了解他们到底都在网上做了些什么。而青少年知道上网的行为将会被检查，就必然会对自己的行为进行自我约束，过滤软件就能有效地发挥作用，保护青少年上网。这种过滤软件的优点就是不会妨碍用户对有效信息的浏览，从而保证了网络信息的丰富性。

五、建立绿色网吧

由于网络的兴起，网吧也逐渐成为一项新兴产业，但是它在方便了人们上网的同时也出现了不少弊端。一些唯利是图的网吧经营者，以色情、暴力、游戏、赌博等不良信息来招揽顾客，甚至还出现了"黑色网吧"，接待未成年人，严重影响着未成年人的身心健康。尽管文化部为了解决未成年人出入网吧的问题，规定累计3次接纳未成年人上网的网吧将被吊销营业执照，但是由于种种原因，这项规定执行得并不理想，依然有不少网吧私下接纳未成年人。一方面的原因是商家出于利益的趋势，十分欢迎未成年人光顾；另一方面的原因就是网络带来的巨大诱惑力使未成年人乐于上网，于是也会想尽办法进入网吧。

为了解决这一问题，管理部门开始从技术上清扫网络垃圾，限制青少年的上网时间与内容，建设"绿色网吧"，推行健康上网。例如，许多学校充分利用资源，让学生在校内上网。"绿色网吧"教室都有专门的老师进行管理，对不良信息及网站进行过滤和屏蔽；另外，还开设了局域网聊天室，有老师解答学生在学习、生活中遇到的各方面的问题，方便学生解决学习中遇到的难题，还能够让同学之间展开交流，分享学习心得。

"绿色网吧"主要有以下这些标准：

第一，通过了按照《互联网服务营业场所管理办法》进行的严格审查。

第二，上网设备、数量、质量达到有关部门的要求，并保证每台计算机都安装了过滤色情、暴力、赌博等不良信息的过滤软件。

第三，无偿向用户推荐优秀的网站、上网应用系统或者优秀的内容等。

第四，具有严密的网络安全技术和健全的安全管理制度。

第五，引导和监督上网用户遵守法律法规、遵守网络道德，做到文明上网。

第六，对未成年人的上网时间、浏览内容和活动进行限制和监督。

第七，及时阻止上网用户浏览不良信息及网站。

第八，设有专职的专业技术人员。

第三节　安全上网的规则

网络是一个很开放的空间，尤其是在互联网上，除了要做到自己不攻击别人之外，还要学会预防来自外界的攻击。那么安全上网的规则都有哪些呢？

第一，上网时，不要轻易发出能确定自己身份的信息，主要包括：电子信箱地址、家庭电话号码、家庭地址、家庭经济状况、网上账号、信用卡号码和密码、父母职业、自己和父母的姓名、学校的名称和地址等。这些信息不能提供给聊天室或公告栏。

第二，不要轻易通过网络向不熟悉的人发送自己的照片，否则，会带来麻烦和不安全。曾发现有人利用别人的照片做内容肮脏的广告，因此一定要小心谨慎。

第三，如果在网站或公告栏里遇到暗示性的信息、挑衅性的信息或脏话、攻击、淫秽、威胁等使你感到不安的信息，一定不要回应也不要反驳，当然，也不必惊慌失措，但要立即告诉你的父母或老师。

第四，不要自己单独去和网上的朋友会面，而不告知父母、老师。即使得到父母的同意，也要选择公共场所，并有父母或成年人陪同前往。

第五，在通过电子邮件提供个人资料之前，要确保对方是你认识并且信任的人。

第六，不要轻信网上朋友的姓名、性别、年龄、职业、兴趣、爱好和甜言蜜语，要牢牢记住，未经确认的网上信息都不可轻信。

第七，父母或其他亲人不在家时，不要让网上认识的朋友来访，要提高警惕，谨防别有用心的人。

第八，不对父母、老师和好朋友隐瞒自己的网上活动，要经常与他们沟通，让他们了解自己在网上的行为，以便必要时得到及时的帮助。

第九，采用匿名方式浏览，因为有的网站可能利用cookies跟踪你在互联网上的活动。怎么办呢？你可以在使用浏览器的时候在参数选项中选择关闭计算机接收cookies的选项。

第十，要安装必要的网络安全软件，例如"网络警察"等。"网络警察"是专门用于堵截互联网上邪教、色情、暴力等有关信息的互联网净化器软件，分为家庭版、网吧版和校园版。这种软件可以24小时搜索有关色情暴力的信息，防止用户在利用搜索引擎的过程中搜索到不良中外网站、网页，断绝一切不良信息来源。

第十一，在发送信息之前先阅读网站的隐私保护政策，防止有些网站会将你的个人资料出售给第三方。网络隐私，即个人资料的保密性，是网络时代新的概念，要学会维护自己的网络隐私权，有一种"隐私维护与管理"软件，建议你还是装上一个为好。

第十二，要经常更换你的密码，据统计，我国54%的电子邮箱从来不换密码，这是很不安全的。密码不要使用有意义的英文单词、生日、电话号码等容易被人猜中的信息。另外，当好多地方需要设置密码时，密码最好不要相同。使用包括字母和数字的八位数的密码，可以比较有效地干扰黑客利用软件程序来搜寻最常见的密码。

第十三，安装个人"防火墙"，以防止个人信息被人窃取。比如安装"瑞星"、"江民""诺顿网络安全特警"等软件防火墙，你可以选择哪些信息需要保密，就不会因不慎而把这些信息发到不安全的网站。这个软件还可以防止网站服务器在你察觉不到的情况下跟踪你的电子邮件地址和其他个人信息。

第十四，去网吧上网时，要选择具备合法执照的网吧，要看看它们是否具备必要的网络技术指导和服务的能力。为了你的人身安全和健康，还要看看它们是否具备良好的卫生环境、消防安全设施和治安条件。

第十五，要选择合法的和内容健康的网站，特别是那些由政府、权威的社会团体和组织办的或推荐的网站。它们一般备有及时、准确的信息，不会造成误导。健康真实的内容，对于增长你的知识、开阔你的视野、提高你的素质都大有裨益。

附　录

计算机信息网络国际联网安全保护管理办法

（1997 年 12 月 11 日国务院批准　1997 年 12 月 30 日公安部发布）

第一章　总则

第一条　为了加强对计算机信息网络国际联网的安全保护，维护公共秩序和社会稳定，根据《中华人民共和国计算机信息系统安全保护条例》、《中华人民共和国计算机信息网络国际联网管理暂行规定》和其他法律、行政法规的规定，制定本办法。

第二条　中华人民共和国境内的计算机信息网络国际联网安全保护管理，适用本办法。

第三条　公安部计算机管理监察机构负责计算机信息网络国际联网的安全保护管理工作。公安机关计算机管理监察机构应当保护计算机信息网络国际联网的公共安全，维护从事国际联网业务的单位和个人的合法权益和公众利益。

第四条　任何单位和个人不得利用国际联网危害国家安全、泄露国家秘密，不得侵犯国家的、社会的、集体的利益和公民的合法权益，不得从事违法犯罪活动。

第五条　任何单位和个人不得利用国际联网制作、复制、查阅和传播下列信息：

（一）煽动抗拒、破坏宪法和法律、行政法规实施的；

（二）煽动颠覆国家政权，推翻社会主义制度的；

（三）煽动分裂国家、破坏国家统一的；

（四）煽动民族仇恨、民族歧视，破坏民族团结的；

（五）捏造或者歪曲事实，散布谣言，扰乱社会秩序的；

（六）宣扬封建迷信、淫秽、色情、赌博、暴力、凶杀、恐怖，教唆犯罪的；

（七）公然侮辱他人或者捏造事实诽谤他人的；

（八）损害国家机关信誉的；

（九）其他违反宪法和法律、行政法规的。

第六条　任何单位和个人不得从事下列危害计算机信息网络安全的活动：

（一）未经允许，进入计算机信息网络或者使用计算机信息网络资源的；

（二）未经允许，对计算机信息网络功能进行删除、修改或者增加的；

（三）未经允许，对计算机信息网络中存储、处理或者传输的数据和应用程序进行删除、修改或者增加的；

（四）故意制作、传播计算机病毒等破坏性程序的；

（五）其他危害计算机信息网络安全的。

第七条　用户的通信自由和通信秘密受法律保护。任何单位和个人不得违反法律规定，利用国际联网侵犯用户的通信自由和通信秘密。

第二章　安全保护责任

第八条　从事国际联网业务的单位和个人应当接受公安机关的安全监督、检查和指导，如实向公安机关提供有关安全保护的信息、资料及数据文件，协助公安机关查处通过国际联网的计算机信息网络的违法犯罪行为。

第九条　国际出入口信道提供单位、互联单位的主管部门或者主管单位，应当依照法律和国家有关规定负责国际出入口信道、所属互联网络的安全保护管理工作。

第十条　互联单位、接入单位及使用计算机信息网络国际联网的法人和其他组织应当履行下列安全保护职责：

（一）负责本网络的安全保护管理工作，建立健全安全保护管理制度；

（二）落实安全保护技术措施，保障本网络的运行安全和信息安全；

（三）负责对本网络用户的安全教育和培训；

（四）对委托发布信息的单位和个人进行登记，并对所提供的信息内容按照本办法第五条进行审核；

（五）建立计算机信息网络电子公告系统的用户登记和信息管理制度；

（六）发现有本办法第四条、第五条、第六条、第七条所列情形之一的，应当保留有关原始记录，并在二十四小时内向当地公安机关报告；

（七）按照国家有关规定，删除本网络中含有本办法第五条内容的地址、目录或者关闭服务器。

第十一条　用户在接入单位办理入网手续时，应当填写用户备案表。备案表由公安部监制。

第十二条　互联单位、接入单位、使用计算机信息网络国际联网的法人和其他组织（包括跨省、自治区、直辖市联网的单位和所属的分支机构），应当自网络正式联通之日起三十日内，到所在地的省、自治区、直辖市人民政府公安机关指定的受理机关办理备案手续。前款所列单位应当负责将接入本网络的接入单位和用户情况报当地公安机关备案，并及时报告本网络中接入单位和用户的变更情况。

第十三条　使用公用账号的注册者应当加强对公用账号的管理，建立账号使用登记制度。用户账号不得转借、转让。

第十四条　涉及国家事务、经济建设、国防建设、尖端科学技术等重要领域的单位办理备案手续时，应当出具其行政主管部门的审批证明。前款所列单位的计算机信息网络与国际联网，应当采取相应的安全保护措施。

第三章　安全监督

第十五条　省、自治区、直辖市公安厅（局），地（市）、县（市）公安局，应当有相应机构负责国际联网的安全保护管理工作。

第十六条　公安机关计算机管理监察机构应当掌握互联单位、接入单位和用户的备案情况，建立备案档案，进行备案统计，并按照国家有关规定逐级上报。

第十七条　公安机关计算机管理监察机构应当督促互联单位、接入单位及有关用户建立健全安全保护管理制度。监督、检查网络安全保护管理以及技术措施的落实情况。公安机关计算机管理监察机构在组织安全检查时，有关单位应当派人参加。公安机关计算机管理监察机构对安全检查发现的问题，应当提出改进意见，作出详细记录，存档备查。

第十八条　公安机关计算机管理监察机构发现含有本办法第五条所列内容的地址、目录或者服务器时，应当通知有关单位关闭或者删除。

第十九条　公安机关计算机管理监察机构应当负责追踪和查处通过计算机信息网络的违法行为和针对计算机信息网络的犯罪案件，对违反本办法第四条、第七条规定的违法犯罪行为，应当按照国家有关规定移送有关部门或者司法机关处理。

第四章　法律责任

第二十条　违反法律、行政法规，有本办法第五条、第六条所列行为之一的，由公安机关给予警告，有违法所得的，没收违法所得，对个人可以并处五千元以下的罚款，对单位可以并处一万五千元以下的罚款，情节严重的，并可以给予六个月以内停止联网、停机整顿的处罚，必要时可以建议原发证、审批机构吊销经营许可证或者取消联网资格；构成违反治安管理行为的，依照治安管理处罚条例的规定处罚；构成犯罪的，依法追究刑事责任。

第二十一条　有下列行为之一的，由公安机关责令限期改正，给予警告，有违法所得的，没收违法所得；在规定的限期内未改正的，对单位的主管负责人员和其他直接责任人员可以并处五千元以下的罚款，对单位可以并处一万五千元以下的罚款；情节严重的，并可以给予六个月以内的停止联网、停机整顿的处罚，必要时可以建议原发证、审批机构吊销经营许可证或者取消联网资格。

（一）未建立安全保护管理制度的；

（二）未采取安全技术保护措施的；

（三）未对网络用户进行安全教育和培训的；

（四）未提供安全保护管理所需信息、资料及数据文件，或者所提供内容不真实的；

（五）对委托其发布的信息内容未进行审核或者对委托单位和个人未进行登记的；

（六）未建立电子公告系统的用户登记和信息管理制度的；

（七）未按照国家有关规定，删除网络地址、目录或者关闭服务器的；

（八）未建立公用账号使用登记制度的；

（九）转借、转让用户账号的。

第二十二条　违反本办法第四条、第七条规定的，依照有关法律、法规予以处罚。

第二十三条　违反本办法第十一条、第十二条规定，不履行备案职责的，由公安机关给予警告或者停机整顿不超过六个月的处罚。

第五章　附则

第二十四条　与香港特别行政区和台湾、澳门地区联网的计算机信息网络的安全保护管理，参照本办法执行。

第二十五条　本办法自发布之日起施行。

互联网电子公告服务管理规定
（信息产业部 2000 年 10 月 8 日第 4 次部务会议通过）

第一条　为了加强对互联网电子公告服务（以下简称电子公告服务）的管理，规范电子公告信息发布行为，维护国家安全和社会稳定，保障公民、法人和其他组织的合法权益，根据《互联网信息服务管理办法》的规定，制定本规定。

第二条　在中华人民共和国境内开展电子公告服务和利用电子公告发布信息，适用本规定。

本规定所称电子公告服务，是指在互联网上以电子布告牌、电子白板、电子论坛、网络聊天室、留言板等交互形式为上网用户提供信息发布条件的行为。

第三条　电子公告服务提供者开展服务活动，应当遵守法律、法规，加强行业自律，接受信息产业部及省、自治区、直辖市电信管理机构和其他有关主管部门依法实施的监督检查。

第四条　上网用户使用电子公告服务系统，应当遵守法律、法规，并对所发布的信息负责。

第五条　从事互联网信息服务，拟开展电子公告服务的，应当在向省、自治区、直辖市电信管理机构或者信息产业部申请经营性互联网信息服务许可或者办理非经营性互联网信息服务备案时，提出专项申请或者专项备案。

省、自治区、直辖市电信管理机构或者信息产业部经审查符合条件的，应当在规定时间内连同互联网信息服务一并予以批准或者备案，并在经营许可证或备案文件中专项注明；不符合条件的，不予批准或者不予备案，书面通知申请人并说明理由。

第六条　开展电子公告服务，除应当符合《互联网信息服务管理办法》规定的条件外，还应当具备下列条件：

（一）有确定的电子公告服务类别和栏目；

（二）有完善的电子公告服务规则；

（三）有电子公告服务安全保障措施，包括上网用户登记程序、上网用户信息安全管理制度、技术保障设施；

（四）有相应的专业管理人员和技术人员，能够对电子公告服务实施有效管理。

第七条　已取得经营许可或者已履行备案手续的互联网信息服务提供者，拟开展电子公告服务的，应当向原许可或者备案机关提出专项申请或者专项备案。

省、自治区、直辖市电信管理机构或者信息产业部，应当自收到专项申请或者专项备案材料之日起60日内进行审查完毕。经审查符合条件的，予以批准或者备案，并在经营许可证或备案文件中专项注明；不符合条件的，不予批准或者不予备案，书面通知申请人并说明理由。

第八条　未经专项批准或者专项备案手续，任何单位或者个人不得擅自开展电子公告服务。

第九条　任何人不得在电子公告服务系统中发布含有下列内容之一的信息：

（一）反对宪法所确定的基本原则的；

（二）危害国家安全，泄露国家秘密，颠覆国家政权，破坏国家统一的；

（三）损害国家荣誉和利益的；

（四）煽动民族仇恨、民族歧视，破坏民族团结的；

（五）破坏国家宗教政策，宣扬邪教和封建迷信的；

（六）散布谣言，扰乱社会秩序，破坏社会稳定的；

（七）散布淫秽、色情、赌博、暴力、凶杀、恐怖或者教唆犯罪的；

（八）侮辱或者诽谤他人，侵害他人合法权益的；

（九）含有法律、行政法规禁止的其他内容的。

第十条　电子公告服务提供者应当在电子公告服务系统的显著位置刊载经营许可证编号或者备案编号、电子公告服务规则，并提示上网用户发布信息需要承担的法律责任。

第十一条　电子公告服务提供者应当按照经批准或者备案的类别和栏目提供服务，不得超出类别或者另设栏目提供服务。

第十二条　电子公告服务提供者应当对上网用户的个人信息保密，未经上网用户同意不得向他人泄露，但法律另有规定的除外。

第十三条　电子公告服务提供者发现其电子公告服务系统中出现明显属于本办法第九条所列的信息内容之一的，应当立即删除，保存有关记录，并向国家有关机关报告。

第十四条　电子公告服务提供者应当记录在电子公告服务系统中发布的信息内容及其发布时间、互联网地址或者域名。记录备份应当保存60日，并在国家有关机关依法查询时，予以提供。

第十五条　互联网接入服务提供者应当记录上网用户的上网时间、用户账号、互联网地址或者域名、主叫电话号码等信息，记录备份应保存60日，并在国家有关机关依法查询时，予以提供。

第十六条　违反本规定第八条、第十一条的规定，擅自开展电子公告服务或者超出经批准或者备案的类别、栏目提供电子公告服务的，依据《互联网信息服务管理办法》第十九条的规定处罚。

第十七条　在电子公告服务系统中发布本规定第九条规定的信息内容之一的，依据《互联网信息服务管理办法》第二十条的规定处罚。

第十八条　违反本规定第十条的规定，未刊载经营许可证编号或者备案编号、未刊载电子公告服务规则或者未向上网用户作发布信息需要承担法律责任提示的，依据《互联网信息服务管理办法》第二十二条的规定处罚。

第十九条　违反本规定第十二条的规定，未经上网用户同意，向他人非法泄露上网用户个人信息的，由省、自治区、直辖市电信管理机构责令改正；给上网用户造成损害或者损失的，依法承担法律责任。

第二十条　未履行本规定第十三条、第十四条、第十五条规定的义务的，依据《互联网信息服务管理办法》第二十一条、第二十三条的规定处罚。

第二十一条　在本规定施行以前已开展电子公告服务的，应当自本规定施行之日起 60 日内，按照本规定办理专项申请或者专项备案手续。

第二十二条　本规定自发布之日起施行。

互联网信息服务管理办法

第一条 为了规范互联网信息服务活动,促进互联网信息服务健康有序发展,制定本办法。

第二条 在中华人民共和国境内从事互联网信息服务活动,必须遵守本办法。

本办法所称互联网信息服务,是指通过互联网向上网用户提供信息的服务活动。

第三条 互联网信息服务分为经营性和非经营性两类。

经营性互联网信息服务,是指通过互联网向上网用户有偿提供信息或者网页制作等服务活动。

非经营性互联网信息服务,是指通过互联网向上网用户无偿提供具有公开性、共享性信息的服务活动。

第四条 国家对经营性互联网信息服务实行许可制度;对非经营性互联网信息服务实行备案制度。

未取得许可或者未履行备案手续的,不得从事互联网信息服务。

第五条 从事新闻、出版、教育、医疗保健、药品和医疗器械等互联网信息服务,依照法律、行政法规以及国家有关规定须经有关主管部门审核同意的,在申请经营许可或者履行备案手续前,应当依法经有关主管部门审核同意。

第六条 从事经营性互联网信息服务,除应当符合《中华人民共和国电信条例》规定的要求外,还应当具备下列条件:

(一)有业务发展计划及相关技术方案;

(二)有健全的网络与信息安全保障措施,包括网站安全保障措施、信息安全保密管理制度、用户信息安全管理制度；

（三）服务项目属于本办法第五条规定范围的，已取得有关主管部门同意的文件。

第七条 从事经营性互联网信息服务，应当向省、自治区、直辖市电信管理机构或者国务院信息产业主管部门申请办理互联网信息服务增值电信业务经营许可证（以下简称经营许可证）。

省、自治区、直辖市电信管理机构或者国务院信息产业主管部门应当自收到申请之日起 60 日内审查完毕，作出批准或者不予批准的决定。予以批准的，颁发经营许可证；不予批准的，应当书面通知申请人并说明理由。

申请人取得经营许可证后，应当持经营许可证向企业登记机关办理登记手续。

第八条 从事非经营性互联网信息服务，应当向省、自治区、直辖市电信管理机构或者国务院信息产业主管部门办理备案手续。办理备案时，应当提交下列材料：

（一）主办单位和网站负责人的基本情况；

（二）网站网址和服务项目；

（三）服务项目属于本办法第五条规定范围的，已取得有关主管部门的同意文件。

省、自治区、直辖市电信管理机构对备案材料齐全的，应当予以备案并编号。

第九条 从事互联网信息服务，拟开办电子公告服务的，应当在申请经营性互联网信息服务许可或者办理非经营性互联网信息服务备案时，按照国家有关规定提出专项申请或者专项备案。

第十条 省、自治区、直辖市电信管理机构和国务院信息产业主管部门应当公布取得经营许可证或者已履行备案手续的互联网信息服务提供者名单。

第十一条 互联网信息服务提供者应当按照经许可或者备案的项目提供服务，不得超出经许可或者备案的项目提供服务。

非经营性互联网信息服务提供者不得从事有偿服务。

互联网信息服务提供者变更服务项目、网站网址等事项的，应当提前30日向原审核、发证或者备案机关办理变更手续。

第十二条　互联网信息服务提供者应当在其网站主页的显著位置标明其经营许可证编号或者备案编号。

第十三条　互联网信息服务提供者应当向上网用户提供良好的服务，并保证所提供的信息内容合法。

第十四条　从事新闻、出版以及电子公告等服务项目的互联网信息服务提供者，应当记录提供的信息内容及其发布时间、互联网地址或者域名；互联网接入服务提供者应当记录上网用户的上网时间、用户账号、互联网地址或者域名、主叫电话号码等信息。

互联网信息服务提供者和互联网接入服务提供者的记录备份应当保存60日，并在国家有关机关依法查询时，予以提供。

第十五条　互联网信息服务提供者不得制作、复制、发布、传播含有下列内容的信息：

（一）反对宪法所确定的基本原则的；

（二）危害国家安全，泄露国家秘密，颠覆国家政权，破坏国家统一的；

（三）损害国家荣誉和利益的；

（四）煽动民族仇恨、民族歧视，破坏民族团结的；

（五）破坏国家宗教政策，宣扬邪教和封建迷信的；

（六）散布谣言，扰乱社会秩序，破坏社会稳定的；

（七）散布淫秽、色情、赌博、暴力、凶杀、恐怖或者教唆犯罪的；

（八）侮辱或者诽谤他人，侵害他人合法权益的；

（九）含有法律、行政法规禁止的其他内容的。

第十六条　互联网信息服务提供者发现其网站传输的信息明显属于本办法第十五条所列内容之一的，应当立即停止传输，保存有关记录，并向国家有关机关报告。

第十七条 经营性互联网信息服务提供者申请在境内境外上市或者同外商合资、合作，应当事先经国务院信息产业主管部门审查同意；其中，外商投资的比例应当符合有关法律、行政法规的规定。

第十八条 国务院信息产业主管部门和省、自治区、直辖市电信管理机构，依法对互联网信息服务实施监督管理。

新闻、出版、教育、卫生、药品监督管理、工商行政管理和公安、国家安全等有关主管部门，在各自职责范围内依法对互联网信息内容实施监督管理。

第十九条 违反本办法的规定，未取得经营许可证，擅自从事经营性互联网信息服务，或者超出许可的项目提供服务的，由省、自治区、直辖市电信管理机构责令限期改正，有违法所得的，没收违法所得，处违法所得3倍以上5倍以下的罚款；没有违法所得或者违法所得不足5万元的，处10万元以上100万元以下的罚款；情节严重的，责令关闭网站。

违反本办法的规定，未履行备案手续，擅自从事非经营性互联网信息服务，或者超出备案的项目提供服务的，由省、自治区、直辖市电信管理机构责令限期改正；拒不改正的，责令关闭网站。

第二十条 制作、复制、发布、传播本办法第十五条所列内容之一的信息，构成犯罪的，依法追究刑事责任；尚不构成犯罪的，由公安机关、国家安全机关依照《中华人民共和国治安管理处罚条例》、《计算机信息网络国际联网安全保护管理办法》等有关法律、行政法规的规定予以处罚；对经营性互联网信息服务提供者，并由发证机关责令停业整顿直至吊销经营许可证，通知企业登记机关；对非经营性互联网信息服务提供者，并由备案机关责令暂时关闭网站直至关闭网站。

第二十一条 未履行本办法第十四条规定的义务的，由省、自治区、直辖市电信管理机构责令改正；情节严重的，责令停业整顿或者暂时关闭网站。

第二十二条 违反本办法的规定，未在其网站主页上标明其经营许可证编号或者备案编号的，由省、自治区、直辖市电信管理机构责令改正，处

5000 元以上 5 万元以下的罚款。

　　第二十三条　违反本办法第十六条规定的义务的，由省、自治区、直辖市电信管理机构责令改正；情节严重的，对经营性互联网信息服务提供者，并由发证机关吊销经营许可证，对非经营性互联网信息服务提供者，并由备案机关责令关闭网站。

　　第二十四条　互联网信息服务提供者在其业务活动中，违反其他法律、法规的，由新闻、出版、教育、卫生、药品监督管理和工商行政管理等有关主管部门依照有关法律、法规的规定处罚。

　　第二十五条　电信管理机构和其他有关主管部门及其工作人员，玩忽职守、滥用职权、徇私舞弊，疏于对互联网信息服务的监督管理，造成严重后果，构成犯罪的，依法追究刑事责任；尚不构成犯罪的，对直接负责的主管人员和其他直接责任人员依法给予降级、撤职直至开除的行政处分。

　　第二十六条　在本办法公布前从事互联网信息服务的，应当自本办法公布之日起 60 日内依照本办法的有关规定补办有关手续。

　　第二十七条　本办法自公布之日起施行。

中华人民共和国计算机信息系统安全保护条例

第一章　总则

第一条　为了保护计算机信息系统的安全，促进计算机的应用和发展，保障社会主义现代化建设的顺利进行，制定本条例。

第二条　本条例所称的计算机信息系统，是指由计算机及其相关的和配套的设备、设施（含网络）构成的，按照一定的应用目标和规则对信息进行采集、加工、存储、传输、检索等处理的人机系统。

第三条　计算机信息系统的安全保护，应当保障计算机及其相关的和配套的设备、设施（含网络）的安全，运行环境的安全，保障信息的安全，保障计算机功能的正常发挥，以维护计算机信息系统的安全运行。

第四条　计算机信息系统的安全保护工作，重点维护国家事务、经济建设、国防建设、尖端科学技术等重要领域的计算机信息系统的安全。

第五条　中华人民共和国境内的计算机信息系统的安全保护，适用本条例。未联网的微型计算机的安全保护办法，另行制定。

第六条　公安部主管全国计算机信息系统安全保护工作。国家安全部、国家保密局和国务院其他有关部门，在国务院规定的职责范围内做好计算机信息系统安全保护的有关工作。

第七条　任何组织或者个人，不得利用计算机信息系统从事危害国家利益、集体利益和公民合法利益的活动，不得危害计算机信息系统的安全。

第二章　安全保护制度

第八条　计算机信息系统的建设和应用，应当遵守法律、行政法规和国家其他有关规定。

第九条　计算机信息系统实行安全等级保护。安全等级的划分标准和安全等级保护的具体办法，由公安部会同有关部门制定。

第十条　计算机机房应当符合国家标准和国家有关规定。在计算机机房附近施工，不得危害计算机信息系统的安全。

第十一条　进行国际联网的计算机信息系统，由计算机信息系统的使用单位报省级以上人民政府公安机关备案。

第十二条　运输、携带、邮寄计算机信息媒体进出境的，应当如实向海关申报。

第十三条　计算机信息系统的使用单位应当建立健全安全管理制度，负责本单位计算机信息系统的安全保护工作。

第十四条　对计算机信息系统中发生的案件，有关使用单位应当在 24 小时内向当地县级以上人民政府公安机关报告。

第十五条　对计算机病毒和危害社会公共安全的其他有害数据的防治研究工作，由公安部归口管理。

第十六条　国家对计算机信息系统安全专用产品的销售实行许可证制度。具体办法由公安部会同有关部门制定。

第三章　安全监督

第十七条　公安机关对计算机信息系统安全保护工作行使下列监督职权：

（一）监督、检查、指导计算机信息系统安全保护工作；

（二）查处危害计算机信息系统安全的违法犯罪案件；

（三）履行计算机信息系统安全保护工作的其他监督职责。

第十八条　公安机关发现影响计算机信息系统安全的隐患时，应当及时通知使用单位采取安全保护措施。

第十九条　公安部在紧急情况下，可以就涉及计算机信息系统安全的特定事项发布专项通令。

第四章　法律责任

第二十条　违反本条例的规定，有下列行为之一的，由公安机关处以警告或者停机整顿：

（一）违反计算机信息系统安全等级保护制度，危害计算机信息系统安全的；

（二）违反计算机信息系统国际联网备案制度的；

（三）不按照规定时间报告计算机信息系统中发生的案件的；

（四）接到公安机关要求改进安全状况的通知后，在限期内拒不改进的；

（五）有危害计算机信息系统安全的其他行为的。

第二十一条　计算机机房不符合国家标准和国家其他有关规定的，或者在计算机机房附近施工危害计算机信息系统安全的，由公安机关会同有关单位进行处理。

第二十二条　运输、携带、邮寄计算机信息媒体进出境，不如实向海关申报的，由海关依照《中华人民共和国海关法》和本条例以及其他有关法律、法规的规定处理。

第二十三条　故意输入计算机病毒以及其他有害数据危害计算机信息系统安全的，或者未经许可出售计算机信息系统安全专用产品的，由公安机关处以警告或者对个人处以5000元以下的罚款、对单位处以15000元以下的罚款；有违法所得的，除予以没收外，可以处以违法所得1至3倍的罚款。

第二十四条　违反本条例的规定，构成违反治安管理行为的，依照《中华人民共和国治安管理处罚条例》的有关规定处罚；构成犯罪的，依法追究刑事责任。

第二十五条　任何组织或者个人违反本条例的规定，给国家、集体或者他人财产造成损失的，应当依法承担民事责任。

第二十六条　当事人对公安机关依照本条例所作出的具体行政行为不服的，可以依法申请行政复议或者提起行政诉讼。

第二十七条　执行本条例的国家公务员利用职权，索取、收受贿赂或者有其他违法、失职行为，构成犯罪的，依法追究刑事责任；尚不构成犯罪的，给予行政处分。

第五章　附则

第二十八条　本条例下列用语的含义：

计算机病毒，是指编制或者在计算机程序中插入的破坏计算机功能或者毁坏数据，影响计算机使用，并能自我复制的一组计算机指令或者程序代码。

计算机信息系统安全专用产品，是指用于保护计算机信息系统安全的专用硬件和软件产品。

第二十九条　军队的计算机信息系统安全保护工作，按照军队的有关法规执行。

第三十条　公安部可以根据本条例制定实施办法。

第三十一条　本条例自发布之日起施行。

关于维护互联网安全的决定

（2000 年 12 月 28 日第九届全国人民代表大会常务委员会第十九次会议通过）

我国的互联网，在国家大力倡导和积极推动下，在经济建设和各项事业中得到日益广泛的应用，使人们的生产、工作、学习和生活方式已经开始并将继续发生深刻的变化，对于加快我国国民经济、科学技术的发展和社会服务信息化进程具有重要作用。同时，如何保障互联网的运行安全和信息安全问题已经引起全社会的普遍关注。为了兴利除弊，促进我国互联网的健康发展，维护国家安全和社会公共利益，保护个人、法人和其他组织的合法权益，特作如下决定：

一、为了保障互联网的运行安全，对有下列行为之一，构成犯罪的，依照刑法有关规定追究刑事责任：

（一）侵入国家事务、国防建设、尖端科学技术领域的计算机信息系统；

（二）故意制作、传播计算机病毒等破坏性程序，攻击计算机系统及通信网络，致使计算机系统及通信网络遭受损害；

（三）违反国家规定，擅自中断计算机网络或者通信服务，造成计算机网络或者通信系统不能正常运行。

二、为了维护国家安全和社会稳定，对有下列行为之一，构成犯罪的，依照刑法有关规定追究刑事责任：

（一）利用互联网造谣、诽谤或者发表、传播其他有害信息，煽动颠覆国家政权、推翻社会主义制度，或者煽动分裂国家、破坏国家统一；

（二）通过互联网窃取、泄露国家秘密、情报或者军事秘密；

（三）利用互联网煽动民族仇恨、民族歧视，破坏民族团结；

（四）利用互联网组织邪教组织、联络邪教组织成员，破坏国家法律、行政法规实施。

三、为了维护社会主义市场经济秩序和社会管理秩序，对有下列行为之一，构成犯罪的，依照刑法有关规定追究刑事责任：

（一）利用互联网销售伪劣产品或者对商品、服务作虚假宣传；

（二）利用互联网损害他人商业信誉和商品声誉；

（三）利用互联网侵犯他人知识产权；

（四）利用互联网编造并传播影响证券、期货交易或者其他扰乱金融秩序的虚假信息；

（五）在互联网上建立淫秽网站、网页，提供淫秽站点链接服务，或者传播淫秽书刊、影片、音像、图片。

四、为了保护个人、法人和其他组织的人身、财产等合法权利，对有下列行为之一，构成犯罪的，依照刑法有关规定追究刑事责任：

（一）利用互联网侮辱他人或者捏造事实诽谤他人；

（二）非法截获、篡改、删除他人电子邮件或者其他数据资料，侵犯公民通信自由和通信秘密；

（三）利用互联网进行盗窃、诈骗、敲诈勒索。

五、利用互联网实施本决定第一条、第二条、第三条、第四条所列行为以外的其他行为，构成犯罪的，依照刑法有关规定追究刑事责任。

六、利用互联网实施违法行为，违反社会治安管理，尚不构成犯罪的，由公安机关依照《治安管理处罚条例》予以处罚；违反其他法律、行政法规，尚不构成犯罪的，由有关行政管理部门依法给予行政处罚；对直接负责的主管人员和其他直接责任人员，依法给予行政处分或者纪律处分。

利用互联网侵犯他人合法权益，构成民事侵权的，依法承担民事责任。

七、各级人民政府及有关部门要采取积极措施，在促进互联网的应用和网络技术的普及过程中，重视和支持对网络安全技术的研究和开发，增强网络的安全防护能力。有关主管部门要加强对互联网的运行安全和信息安全的宣传教育，依法实施有效的监督管理，防范和制止利用互联网进行的各种违法活动，为互联网的健康发展创造良好的社会环境。从事互联网业务的单位要依法开展活动，发现互联网上出现违法犯罪行为和有害信息时，要采取措施，停止传输有害信息，并及时向有关机关报告。任何单位和个人在利用互联网时，都要遵纪守法，抵制各种违法犯罪行为和有害信息。人民法院、人民检察院、公安机关、国家安全机关要各司其职，密切配合，依法严厉打击利用互联网实施的各种犯罪活动。要动员全社会的力量，依靠全社会的共同努力，保障互联网的运行安全与信息安全，促进社会主义精神文明和物质文明建设。

互联网站管理工作细则

第一章　总则

第一条　为切实加强互联网站管理工作，建立互联网站管理工作长效机制，规范、细化互联网行业内部管理流程，不断提高互联网信息服务提供者（ICP）、互联网 IP 地址、互联网络域名等网站管理基础信息数据库的完整性、准确性，根据《互联网信息服务管理办法》、《中国互联网络域名管理办法》、《非经营性互联网信息服务管理办法》、《互联网 IP 地址备案管理办法》等有关规定，制定本细则。

第二条　互联网站管理工作坚持属地管理原则。按照"谁运营谁负责"、"谁接入谁负责"的要求，辅以相应的技术手段，做到政府管理、行业自律和社会监督相结合。

第三条　互联网站管理有关数据使用和发布应严格遵守国家和信息产业部有关保密规定。

第四条　本细则涉及的主体有：信息产业部、省（自治区、直辖市）通信管理局（以下简称"省通信管理局"）、互联网接入服务提供者（以下简称"接入提供者"）、互联网信息服务提供者（以下简称"网站主办者"）、IP 地址备案单位、域名注册管理机构、域名注册服务机构等。

接入服务提供者是互联网接入服务业务经营者、互联网数据中心业务经营者以及以其他方式为网站提供接入服务的电信业务经营者的统称。

IP 地址备案单位是指直接从亚太互联网络信息中心等具有 IP 地址管理权的国际机构获得 IP 地址的单位和具有分配 IP 地址供其他单位或个人使用行为的单位。

第二章　相关主体职责与义务

第五条　信息产业部对全国 ICP、IP 地址及域名信息备案管理工作及相关工作进行监督、指导及协调。

（一）根据互联网站管理工作的需要制定相关管理规定。

（二）指导、检查、督促省通信管理局开展互联网站管理工作。

（三）了解掌握备案管理工作中存在的问题和情况，组织研究解决。

（四）组织开展"信息产业部 ICP、IP 地址、域名信息备案管理系统"（以下简称"备案管理系统"）的优化、完善等工作。

（五）负责对跨地区经营性互联网信息服务提供者 ICP 备案信息进行录入、审核。

（六）对域名注册服务机构和相关 IP 地址备案单位的备案工作进行业务指导和监督检查。

（七）定期通报备案工作进展情况和及时通报未备案网站、备案信息真实性等备案信息的相关情况。

（八）协调部级前置审批部门、专项内容主管部门、公益性互联网站主管部门等相关部门开展互联网站管理工作。

第六条　省通信管理局具体负责本行政区 ICP、IP 地址信息备案管理，查处违法违规网站、监管互联网接入服务市场、对网站进行年度审核等工作。

（一）依法对 ICP 备案信息进行日常审核工作。

（二）指导监督本行政区接入提供者、网站主办者、IP 地址备案单位的 ICP 和 IP 地址信息备案工作；加强对其制度建立、机构设置、数据库系统建设等日常工作的监督检查。

（三）依法采用多种手段切实加强对互联网接入服务市场的监管，将接入提供者对互联网站的管理情况纳入其经营许可证年检、行风评议等考核工作中。

（四）依法做好接入提供者、IP 地址备案单位、网站主办者等违法违规行为的查处工作。

（五）负责本行政区互联网站年度审核工作。

（六）负责对本行政区经营性互联网信息服务提供者ICP备案信息进行录入、审核。

（七）协同本行政区前置审批部门、专项内容主管部门等相关部门开展互联网站管理工作。

（八）积极支持引导互联网协会、通信企业协会等社团组织配合做好网站管理工作。

（九）建立健全社会监督渠道，公布举报电话（传真）、电子信箱等举报方式，广泛听取并认真查处社会各界对网站未经备案擅自提供互联网信息服务、备案信息不真实、接入提供者违规提供接入服务等违法违规行为的举报。

第七条 接入提供者是为网站主办者提供互联网接入服务的主体。接入提供者应当按照"谁运营谁负责"、"谁接入谁负责"的要求，切实加强内部管理和对所接入互联网站的管理。

（一）设立专岗专职，负责网站备案、规范网站行为及相关管理工作，专岗专职名单报省通信管理局备案。人员发生变动时要做好工作交接，变化后人员名单及时报省通信管理局备案。

（二）按照"先备案后接入"的要求制定完善接入服务流程，建立健全为用户代为备案信息的事前核验制度、对用户行为的事中监督制度、配合对违法违规网站的事后查处制度、网络与信息安全责任制等工作制度。

（三）应记录网站主办者的备案信息，对所接入网站主办者的备案信息进行动态核实，保证备案信息的真实、准确。

（四）接入提供者要杜绝为未备案的网站主办者提供接入服务，实时搜索已接入的未备案网站信息，及时停止并督促网站主办者履行备案手续。

（五）受网站主办者的委托应依法为网站主办单位履行备案、备案变更、备案注销等手续。代为备案时，用户名、密码和系统提示信息要及时移交网站主办者，并指导、督促网站主办者下载安装电子证书。不得在已知或应知互联网站主办者备案信息不真实或不准确的情况下，为其代为履行备案、备案变更、备案注销手续。

（六）对直接接入及间接接入的网站客户负有管理责任。

（七）应建设必要的业务管理系统，满足行业主管部门对网站管理的要求。

（八）做好用户记录留存、有害信息报告等网络信息安全管理工作。

（九）配合省通信管理局开展互联网站年度审核工作。

（十）配合省通信管理局对违法违规网站依法进行查处。

（十一）自觉接受省通信管理局的监督和管理。

第八条 网站主办者应依法开展互联网信息服务业务。

（一）应当自行或委托接入提供者履行备案、备案变更、备案注销手续。

（二）应当保证备案信息内容的真实准确。

（三）在通过备案审核后，应当在网站开通时在主页底部中央位置标明备案编号，在备案编号下方链接信息产业部"备案管理系统"网址，按要求将电子验证标识放置在其网站指定目录下。

（四）备案信息发生变化时应及时进行变更，同时再次安装电子证书。

（五）涉及前置审批及电子公告服务的，应在取得前置审批部门和专项审批部门批准并办理相关备案手续后方可提供相关内容信息。

（六）网站主办者应妥善保管用户名和密码，用户明和密码丢失的，应提交书面申请，省通信管理局经确认后予以补发。

（七）按照省通信管理局和相关内容主管部门的要求做好年度审核工作。

（八）应当自觉接受互联网行业主管部门的监督和管理。

第九条 IP 地址备案单位具体承担 IP 地址信息报备工作。

（一）IP 地址备案单位应当按要求通过"备案管理系统"报备 IP 地址信息。其中，基础电信运营公司 IP 地址信息的报备由总部和省级公司共同完成，基础电信运营公司总部应对其省级公司的 IP 地址信息报备工作进行指导和监督。公益性互联网络的管理单位负责统一完成其网络上使用的所有 IP 地址信息的报备。跨省经营互联网接入服务业务提供者 IP 地址信息的报备由其开展业务所在地的所有分支机构共同完成。

（二）IP 地址备案单位应当确保其所报备的 IP 地址信息完整、准确。

（三）IP 地址备案信息发生变化时，IP 地址备案单位应按规定要求自变化之日起五个工作日内向"备案管理系统"提交变更后的 IP 地址信息。

（四）IP 地址备案单位应当建立健全本单位的 IP 地址管理制度。

（五）应当自觉接受互联网行业主管部门的监督和管理。

第十条 中国互联网络信息中心和相关域名注册服务机构具体承担域名信息的报备工作。

（一）中国互联网络信息中心和相关域名注册服务机构应当按要求通过"备案管理系统"报备域名信息。其中，中国互联网络信息中心负责报备所有 CN 和中文域名注册信息；相关域名注册服务机构负责报备所有境外域名注册信息。

（二）中国互联网络信息中心和相关域名注册服务机构应当确保所报备的域名注册信息完整、准确。

（三）域名注册信息、域名备案联系人等信息发生变化时，中国互联网络信息中心和相关域名注册服务机构应当自变化之日起五个工作日内向"备案管理系统"提交变更后的域名报备信息。

第三章　相关处理流程

第十一条 接入提供者为互联网站提供接入互联网络服务流程：

（一）网站主办者向接入提供者提出接入申请。

（二）接入提供者向网站主办者预分配 IP 地址。

（三）网站主办者获得接入提供者预分配的 IP 地址后履行备案手续（网站主办者可自行备案也可由接入提供者代为备案）。

1. 网站主办者自行备案的，网站主办者在收到"备案管理系统"反馈的备案编号后告知接入提供者备案成功，并将备案编号和备案信息一并提供给接入提供者，接入提供者登录"备案管理系统"核实该备案信息，在确认备案信息真实、准确的前提下为网站开通接入服务。如果发现备案信息不真实、不准确，不得开通接入服务，应当督促网站主办者核实相关信息，经备案后方可为其提供接入服务。

2. 接入提供者代为履行备案的，接入提供者收到"备案管理系统"反馈的备案编号后即可为网站提供接入服务。

第十二条　网站主办者委托接入提供者代为履行 ICP 备案、备案变更的处理流程：

（一）网站主办者将相关 ICP 备案信息提交给其接入提供者。

（二）接入提供者对网站主办者提交的信息进行核实，在确认信息真实、准确的前提下将 ICP 备案信息导入"备案管理系统"；如存在不真实、不准确的信息，接入提供者要求网站主办者重新填报或补充相关信息。

（三）"备案管理系统"对接入提供者导入的信息进行自动核查，经识别没有发现问题的转相关省通信管理局；存在问题的，将相关意见反馈接入提供者。

（四）相关省通信管理局对备案信息进行审核，符合备案条件的予以备案；不符合备案条件的不予备案，并说明理由。

（五）"备案管理系统"对予以备案的，核配备案编号，生成备案电子验证标识（简称电子证书），同时将审核意见反馈接入提供者；对不予以备案的，"备案管理系统"将不予备案理由反馈相关接入提供者。并通知相关接入提供者对相关信息进行修改，重新填报。

（六）对予以备案的，接入提供者将审核意见、用户名和密码及时反馈给网站主办者，并指导网站主办者下载、安装电子证书。网站主办者在接入提供者的指导下及时完成电子证书下载、安装等后续工作，并保管好用户名和密码。

（七）对不予备案的，接入提供者及时通知网站主办者对相关信息进行修改，重新填报或补报信息。

第十三条　网站主办者自行履行 ICP 备案、备案变更处理流程：

（一）网站主办者向"备案管理系统"输入相关备案信息。

（二）"备案管理系统"收到网站主办者提交的信息后，对信息进行自动核查，没有发现问题的转相关省通信管理局；存在问题的，将相关意见反馈网站主办者。

（三）相关省通信管理局对备案信息进行审核，符合备案条件的予以备案；不符合备案条件的不予备案，并说明理由。

（四）"备案管理系统"对予以备案的，核配备案编号，生成电子证书，同时将审核意见反馈网站主办者；对不予以备案的，"备案管理系统"将不予备案理由反馈相关网站主办者，并通知网站主办者对相关信息进行修改，重新填报或补报信息。

（五）网站主办者收到备案编号和电子证书后，及时完成证书下载、安装等工作。

第十四条 涉及前置审批的 ICP 备案流程：

（一）拟从事新闻、出版、教育、医疗保健、药品和医疗器械、视听节目、网络文化等互联网信息服务的，在履行 ICP 备案手续前应获得相关前置审批部门的批准。

（二）网站主办者获得前置审批部门批准后，按本细则第十二条或者第十三条相关流程履行备案手续，同时需向住所（身份证住所／注册住所）所在地省通信管理局书面提交相关前置审批部门的审批文件。

（三）网站主办者提交备案信息后五个工作日内尚未提交审批文件的，不予备案。

（四）备案完成后，省通信管理局向相关省级前置审批部门通报网站备案信息。

第十五条 ICP 备案注销处理流程：

（一）网站主办者停止互联网信息服务时应注销其备案信息。网站主办者可以直接履行备案注销手续，也可以由接入提供者代为履行备案注销手续。

（二）网站主办者直接履行备案注销手续的，由网站主办者直接将备案注销申请提交"备案管理系统"；接入提供者代为履行备案注销手续的，接入提供者向"备案管理系统"提交网站注销申请，同时提交该网站主办者相应的书面委托书。

（三）"备案管理系统"收到网站备案注销申请信息后，将注销申请转相关省通信管理局。

（四）相关省通信管理局进行审核，符合注销条件的予以注销，并将相关意见反馈注销申请者。

（五）对注销的网站，接入提供者应及时停止接入服务。

第十六条 查处违法违规网站流程：

（一）省通信管理局根据涉嫌违法违规网站线索（包括举报材料、省通信管理局例行检查、信息产业部的通报、相关部门要求协助查处意见等），对确属违法违规网站进行依法处理。

（二）涉嫌违法违规网站主办者住所所在地不在本行政区的，省通信管理局应及时将违法违规网站基本资料转送至网站主办者住所所在地省通信管理局，由该省通信管理局依法处理。

（三）网站主办者住所所在地在本行政区的，省通信管理局应依法处理。

（四）对依法应当关闭网站的，省通信管理局应向书面通知相关接入提供者停止接入，相关接入提供者应及时将执行情况上报省通信管理局。

（五）网站接入地不在本行政区的，省通信管理局可以直接发函要求接入地省通信管理局配合关闭网站，接入地省通信管理局应积极予以配合，及时书面通知相关接入提供者停止接入，并将执行情况反馈网站主办者住所所在地省通信管理局。

第十七条 查处接入提供者违规行为的流程：

省通信管理局应加强对接入提供者的管理，监督检查接入提供者对用户代为备案信息的事前核验、用户行为的事中监督、违法违规网站的事后查处配合等责任的落实情况。

对违法违规的接入提供者，违法违规行为发生地通信管理局要立案调查，接入提供者主体所在地不在本行政区的，可以请相关省通信管理局配合。

第十八条 互联网站年度审核工作流程：

（一）每年第一季度开始对互联网站进行年度审核工作。

（二）对"备案管理系统"搜索出 IP 地址、域名等信息与 ICP 备案信息不一致的，要求相关网站主办者及时更新备案信息。

（三）对于相关内容主管部门年度审核意见是"取消业务资格"、"关闭网站"的，属于年度审核不合格意见，根据相关内容主管部门提供的书面年度审核意见，实行一票否决制。

第十九条 IP 地址备案工作流程：

（一）IP 地址备案单位向"备案管理系统"导入 IP 地址备案信息。

（二）"备案管理系统"对导入的 IP 地址信息进行自动核查，输出核查报告，并分送给信息产业部或相关通信管理局。

（三）信息产业部或相关通信管理局对核查报告进行分析处理。

第二十条 域名备案工作流程：

（一）中国互联网络信息中心和相关域名注册服务机构（以下简称域名备案单位）向"备案管理系统"导入域名备案信息。

（二）"备案管理系统"自动进行数据处理定期输出统计报告。

（三）信息产业部对统计报告进行分析，发现未备案的，依法处理。

第四章　附则

第二十一条 本细则由信息产业部电信管理局解释。

第二十二条 本细则自 2005 年 12 月 1 日起施行。

参考文献

1.董志勇、康占平主编：《网络安全读本 中学版》，宁夏人民出版社2006年版。

2.董志勇、康占平主编：《网络安全读本 大学版》，宁夏人民出版社2006年版。

3.姜希主编：《网络文化与道德教育》，四川人民出版社2005年版。

4.潘琦主编：《青年道德教育读本》，广西民族出版社2002年版。

5.曾湘黔主编：《网络安全与防火墙技术》，重庆大学出版社2005年版。